低效努力

方向不對，一切白費

心理諮詢師
滑洋——著

高寶書版集團

第1章

工作學習中，天道未必酬勤，「無用功」讓你和目標背道而馳

目錄
Contents

目錄
Contents

目　錄
Contents

致努力生活但被虧待的你

你是一個明明很努力生活，卻一直被生活「虧待」的人嗎？你是一個制定了很多遠大的目標，最後卻總是不了了之的人嗎？你是一個越是努力，結果卻越是不理想的人嗎？

其實，不是努力錯了，而是你努力的方向錯了。這本書將從三個方面、十七個角度，帶你發現「努力與回報不成正比」的原因。

透過本書，讀者可以了解各個方面、各個角度的「假努力」的表現和感受，是什麼導致了「假努力」，以及我們應該採取什麼措施應對等等。

此外，針對每一種問題，作者都精選了幾本適合讀者閱讀的書籍，期待讀者可以徹底地走出假努力陷阱。

本書適合所有認為自己越是努力、結果卻越是不理想的人，希望大家閱讀後可以擺脫自卑、收穫自信，為更好的生活努力下去。

前言
不怕不努力，就怕假努力！

你是一個很努力生活，卻一直被生活「虧待」的人嗎？起得比別人早，睡得比別人晚，然而成績卻很平庸。拚命想要自律，最後卻焦慮到「擺爛」。抑或是設定了很多遠大目標，最後卻總是不了了之。說你不努力，那是冤枉人，但是為什麼你越是努力，結果卻越是不理想呢？人際關係也是如此，你努力，並且希望別人能夠滿意，換來的卻是別人的「忘恩負義」。你盡自己所能關心他人，對方卻責怪你不理解他。你努力想找到那個對的人，可是「靈魂伴侶」卻始終沒有出現。「為什麼我的命這麼不好，總是遇人不淑呢？」

而對於一個努力提升認知的「終身成長者」來說，他可能會困惑：「我也在努力提升認知，為什麼我的認知卻沒有『變現』？我也在努力提升自己，可為什麼還是如此自卑？我也在努力解決問題，但問題為什麼越解決越多？」

好了好了，我知道你有滿肚子的委屈、滿腦子的疑惑。這本書馬上就會帶你發現自己「努力與回報不成正比」的那些原因。

不是努力錯了，而是你努力的方向錯了，用一個成語概括，就是「南轅北轍」。比如說，你希望能夠自律，但是自律需要的是什麼呢？是安寧祥和的心理空間。而你做的又是什麼呢？是自我ＰＵＡ：「你看看你，又滑了半個小時手機！」、「你今晚再累，也要讀到十二點才能睡覺！」有限的心理空間全部被內耗掉了，怎麼可能還有心力自律呢？再比如說，你想擺脫自卑、收穫自信，實際需要做的，是建立自我肯定感，就是：不論外界的評價與現實如何，我都能接納自己、愛自己。而你是怎麼做的呢？透過考取各種證照，不斷證明自己有能力、透過討好別人來獲得愛，這不是南轅北轍嗎？

你在做的不是無條件地愛自己，而是給自愛附加很多條件：我一定要考上知名大學才足夠優秀；我一定要在為人處事上受到一致好評，才值得被愛……

不怕不努力，就怕假努力！這就是你做了那麼多「努力」卻沒有得到應有回報的原因。所以，在這本書裡我想告訴你的也只是，在你開始因為被生活「虧待」而從此怨天尤人之前，能夠拉你一把，讓你看到，生活從沒有虧待你，努力也從來不會沒有結果。

你努力生活的姿態很美，請一直為更好的生活努力下去，你需要的可能只是一條更「便捷」的道路而已。

第 1 章

工作學習中，天道未必酬勤，「無用功」讓你和目標背道而馳

緊盯目標，而不是盲目努力！

01 出工不出力式假努力

我明明是更努力的那個人，為什麼結果總是不如別人呢

紫妍的個性非常勤奮。上學的時候，她每天早上五點就起床讀英語，一度引起了宿舍室友的不滿與嫉妒。

她的課堂筆記也抄得工整易懂，是全班同學都想要借來複印的程度。

大考前，她天天待在圖書館，不關門不走，即便過了宿舍熄燈時間，她還要拉張小桌子到走廊再讀上兩個小時，是大家口中名副其實的「學霸」。

紫妍一直堅信，付出就會有回報。求學路上，因為自己的努力，她從未遇到過什麼特別難的關卡。中等偏上的成績、說得過去的大學，似乎已經是對她努力的最大回報了。直到她遇到了大學的室友娜娜。

室友娜娜人很好，但是在紫妍看來，她的缺點是惰性強、不夠努力。不僅從來沒去過圖書館，而且課餘時間還時常宅在床上看網路小說。然而，紫妍在學期末正因與獎學金失之交臂而傷心的時候，卻驚訝地發現，娜娜竟然拿到了一等獎學金！

「她一定用了不正當的手段！」紫妍憤憤不平地想。

後來，紫妍出了社會開始工作，她仍然是辦公室裡最努力的那個人。她總是早上第一個到公司，對於加班要求也有求必應，被同事不懷好意地稱為「卷王」[1]。

然而，不顧生活品質、不進行社交活動地努力工作五年後，紫妍的同齡朋友們已經陸續晉升，她卻仍然是那個混得不怎麼樣的小職員。

「我明明是更努力的那個人，但為什麼我總是得不到應有的回報呢？」紫妍不得不開始反思，是不是自己的努力方式錯了呢？

1 編註：指在某個彼此競爭、消耗的場合中，因最刻苦努力而獲勝的人。

現象剖析

態度很端正，從未有進步

你在生活裡遇到過「不刻意用功就能拿獎學金的娜娜」、「不努力就能晉升的同輩」嗎？我遇到過，而且不只一次。一開始，我和你一樣既憤憤不平又覺得不可思議，心想：「憑什麼呀，我比他努力多了！」但是仔細觀察之後，我不得不得出這樣的結論：「別人的成功是有道理的，如果早起就能獲得獎學金，那麼公雞早就發家致富了！」若只停留在「假努力」，就怪不得我即便夙興夜寐，卻總是得不到理想的結果。

一提起「努力」，人總是很容易進入一種「表演」狀態。別人都在睡覺時，我已經起來晨讀了，你看我多努力！別人都去看電影了，只有我還在趕報告，你看我多敬業！別人感不感動先不說，反正我自己是感動了。要是被老師誇一句「勤奮」、被上司慰問一句「辛苦了」，那就更不得了了！**就好像努力不是為了自己有所成長，而是為了被貼上「努力」的標籤，從此心安理得一樣。**

為什麼這麼說呢？我們反思一下自己的狀態就會發覺，所謂的「努力」，往往是「出工不出力」的。雖然每天早上六點你都起來唸英語，但是你的計畫從來都是「唸一個小時英語」，而不是讓自己的發音達到某種程度。

也就是說，從早上六點到七點，讀來讀去你的發音還是「古得貓寧」，從來沒想過自己可以讀出「good morning」，這哪裡是學英語呀？這只能等同於晨起練習，屬於體能訓練！

好好的自我提升機會，卻被我們搞得像是上班應付老闆一樣：「看到自己在用功，我就放心了。」心情相當於上下班打卡成功，當天薪水總算成功落入口袋。

當然，這不僅是只知道重複、不知道精進的問題。

很多時候，對「努力」的迫切需要，會讓我們沒有時間搞清楚自己最終要說出來的到底是「good morning」還是「古得貓寧」，就開始分秒必爭地讀了起來。就好像你根本不知道一首歌的旋律，就迫切地開始按照五線譜按起琴鍵，生怕浪費一分鐘一樣，是非常困難又低效的。

更有甚者，為了能夠持續「努力」、保持「高效」，在遇到問題的時候總是選擇迴避，而不是解決。這份報告的重點該怎麼總結呢？哎呀，算了，太浪費時間了，先做完交出去再說。這頁ＰＰＴ的特效要加什麼？哎呀，太難了，算了，調整版面太花時間了，這樣也可以交得出去。**於是，為了能夠持續「努力」，你放棄了在問題面前一次次學習和提升的機會，看似完成了大量的工作，本質上卻是在原地踏步。**

現在你知道為什麼自己明明是更努力的那個人，結果卻總是不盡人意了吧？出工不出力，只求「努力」的好名聲，不求實質性進步的「假努力」，實在是非常可怕的。

你可以這樣改變

外在目標內在化，模糊目標具體化

1. 外在目標內在化：走出「自我感動」，建立內在成長目標

那要如何走出「假努力」呢？簡單來說，就是**擁有「內在成長目標」**。當我們開始為自我感動式的假努力付出時，其實也是有核心目標的，比如：想要得到獎學金、想要晉升加薪、想要獲得成功。但是這些目標，本質上是外在的。正

因為這些目標是外在的，我們就很容易進入一種事不關己、出工不出力的狀態。

所以，如果想要自己的努力有所成效，那麼設立一個和自己關係緊密的內在成長目標就非常重要。

比如說，把唸一個小時英語的「假努力」，變成讓自己的發音與音訊檔案裡一模一樣的「真成長」。一下子，你的目標就從外在的時間流逝，變成了內在的自我提升。

同時，當你這樣設定目標的時候，自然就會去弄清楚，自己真正要發出的音是什麼。自然就會去解決問題，而不是不斷繞開困難，原地踏步。以「從新手到大師」為理念的經典書籍《刻意練習》（*Peak*）中提到的：「有目的地練習、建立心理表徵（思考問題時相對應的資料結構），其實本質上都是在引導我們建立內在成長目標。」

2. 模糊目標具體化：設定內在成長目標的關鍵

然而，問題來了。「我想要成為什麼？我的內在成長目標到底是什麼呢？」確實很多時候，談論「你的目標是什麼」令人感到厭煩。小時候，老師要我們制定學習目標，長大後又為人生制定目標，「還不就是我要當科學家、我要考上好大學，一點新意也沒有！」

還有很多人看似擁有目標：「我要成功、我要出人頭地！」可是當你問他「成功」的定義是什麼意思的時候，他又說不出來了。

當然，還有剛剛提到的「假努力」群體，他們制定的目標也算具體：晉升加薪、得到獎學金！可是，即使這些目標實現了，好像和自己也沒關係，實現目標就像為公司獲利，替父母掙面子！

實際上，目標對一個人的成長是至關重要的。這種目標可以是你要取得什

麼，但更重要的是，你要成為誰！你的目標不僅要具體，更要讓你找到一種實現目標的責任感。

為什麼具體的目標對一個人的成長至關重要？舉個簡單例子，如果你只知道中午要吃飯，卻不知道中午要吃什麼，也就是沒有具體的目標，你就會感到迷茫。喝粥？太清淡！吃漢堡？太油膩！烤肉？距離太遠！既然選擇不了，那不如拿出手機來打一局遊戲吧！

然而，等你打完了遊戲，卻發現正好到了用餐顛峰期，粥鋪人滿為患，又招不到計程車去遠一點的地方吃烤肉，於是不得不找了一家又近又沒有什麼人光顧的小飯館，吃上一頓口味很令人不滿意的午餐。

人生也是如此，**如果你只知道自己要有所成就，而不知道自己具體要成為什麼，就會陷入迷茫且沒有動力的困境。**當老師？也太多人做這行了，競爭太激烈！成為一名太空人？我的年紀也太大了吧！既然不知道選擇什麼，那不如拿出手機先打一局遊戲吧！**人生還不像吃午餐，不吃會覺得餓，所以打完一局遊戲還可以再打第二局，「反正人生還長著呢！」這樣荒廢下去的最終結果，就是渾渾噩噩地混日子**。

當然，打遊戲還可以被替換成無頭蒼蠅一樣的「假努力」，既然我不知道自己想成為什麼，那就先「努力」起來吧。在這般心態下，最終的結果可能還不如打遊戲，你把自己折騰得身心疲憊，卻還是在渾渾噩噩地過日子。

然而，如果你能擁有一個具體目標，不論是賺一百萬元也好，賺一百元也好，當科學家也好，當清潔工也好，一切都會不同。**因為你只有在生活中擁有了明確目標，才能不斷發現周遭能夠實現目標的線索**，並最終取得成功。此時，你的每一步都在前進，而不是原地打轉。

這就好像如果你設下了撿到一百個礦泉水瓶才能回家的目標，那麼你的目光就會專注在街頭上的礦泉水瓶，撿不到一百個，起碼也能撿到十個。然而，如果你沒有具體目標，只有一個要「賺錢」的模糊概念，那麼，你的眼睛就只會東看看西瞧瞧，而忽略掉礦泉水瓶，也就是機會的存在。最終，你看了不少熱鬧，卻連一個礦泉水瓶都撿不到。

袁黃在《了凡四訓》中透過自己的親身經歷告訴兒子，如果一個人想要改變命運、實現目標，就必須要向神靈說出自己的「所求」，這樣神靈才會幫助你。其實神靈會不會幫助我們呢？我不知道，但可以肯定的是，**當一個人向神靈有所求的時候，他自己也就清楚了自己的人生目標。**如果這個人又能夠在生活中積極去「配合」神靈實現它的話，結果就必然是喜悅與成功。

在開始努力之前，先搞清楚自己想要成為什麼、想要取得什麼，緊盯「目

標」，而不是盲目「努力」，才是永恆的真理。

推薦閱讀

- 《刻意練習》——安德斯・艾瑞克森（Anders Ericsson）、羅伯特・普爾（Robert Pool）
- 《了凡四訓》——袁黃

重點總結

假努力模式：出工不出力式假努力

具體表現形式

1. 努力是為了「表演」。

刻苦不是為了有所成長，而是為了被貼上「努力」的標籤，從此心安理得。

2. 出工不出力。

努力程度用外在時間的長短衡量，而不以內在成長為目標。

3. 只知重複不知精進。

錯失解決難題帶來的自我提升機會，在舒適圈裡原地踏步。

4. 為了「高效努力」而迴避問題。

在沒搞清楚具體目標的情況下，因焦慮開始盲目努力。

解決方案

1. 外在目標內在化：走出自我感動，建立內在成長目標。
2. 模糊目標具體化：緊盯目標而不是盲目努力。

允許自己「不自律」，因為深信自己的內在動力！

02 自我內耗式假努力

越是迫切想要「自律」，就越是焦慮到「擺爛」

銘澤步入社會工作三年了，身為名校畢業生，他卻每天被派去做一些沒名沒分的雜事。

「今天有個專家來，你去幫忙訂個飯店！」、「明天部門開重要會議，你去會場待命吧！」這種沒有成長空間的工作狀態，令他一直處於鬱鬱不得志的心境中，但是又苦於沒有機會改變現狀。

說來也巧，銘澤透過關係好的同事得知，企業裡的「高薪部門」最近在內招，只要通過考試，跳去更好的部門，不僅不用繼續打雜，薪資收入還會提升。於是，銘澤迅速開始備考，心想：「一定要透過這次改變現狀，下一次機會還不知道是什麼時候呢！」

於是，銘澤買了學習教材，也報名了線上課程，甚至也沒空去健身房了，他將學習計畫表排得滿滿當當！

然而銘澤發現，自己的自制力簡直糟糕透了！原本計畫利用中午休息時間看的線上影片課程，拖到了晚上還是不想看。原本計畫好了每天做一頁題目，堅持了五天便不了了之。

更可怕的是，一坐下來準備學習，就想滑手機。為了自律，銘澤把手機鎖在了櫃子裡，但不知怎麼，沒一會兒手機又被自己從櫃子裡拿出來，一滑就是半個小時。

「我為什麼這麼不自律！」、「本來計畫這半個小時學習英語的，結果手機一滑，就耽誤了這麼久，這下所有計畫都延遲了！」、「這點自制力都沒有，也難怪總是我被安排去做雜事，可能我就只配打雜吧！」

結果，原本每天還能「不自律」地完成大部分學習計畫的銘澤，這下卻因為「一定要自律」帶來的焦慮而徹底學不下去了！

現象剖析

自制力不是創造出來的，而是釋放出來的

自制力可以說是每個人都想擁有的能力。先不提追求上進的白領、面臨大考的學生，就算是不求上進的普通人，也總要有點自制力執行健康飲食、規律運動，這樣才能身體健康、幸福生活。

然而，怎麼才能擁有自制力，卻常常令人頭疼。**不說刻苦學習還好，一說要刻苦學習，就「拖延症」發作。不說努力上進還好，一說要努力上進，手機使用時間就直線上升。不說節食減肥還好，一說節食減肥，就特別管不住自己的嘴。**越想要「自律」就越是「做不到」，這是怎麼回事呢？

其實，自制力不是創造出來的，而是釋放出來的！想要透過自制實現目標，

重點在於「釋放你的心智空間」，簡單來說就是，要將有限的精力都用在真正的行動、努力、學習上。

但是，當你努力要自制、不停與自己的毅力硬碰硬的時候，其實卻是把很大一部分本可以用於行動的精力，用在了「一定要自律」的提心吊膽和「我為什麼不夠自律」的自我批評上，進入了自我內耗式假努力。你到底是要行動還是要自制呢？這總要在「努力」前先搞清楚才行。

現在再來具體說說「釋放你的心智空間」。《匱乏經濟學》（*Scarcity*）這本書探討過一個非常深刻而有意思的話題，「窮人為什麼貧窮呢？他們為什麼總是無法做出明智的決定？是因為智商或者受教育程度不足嗎？」透過觀察與分析，研究者發現，窮人之所以總是把事情搞砸，並不是因為他們「蠢笨」，而是因為生活裡有太多的煩惱，而這些煩惱占據了他們的心智空間，從而令他們沒有足夠的心智「頻寬」來做出明智的決策。

簡單來說，一個窮人和一個富人都想要為家裡購買一台烤箱。富人只需要走進商場、挑選心儀的烤箱、付錢，並將它帶回家就好了，這占用不了多少「頻寬」，他還有大把的心智空間來工作、處理問題。

但是對於窮人來說，情況就大不相同了。他會考慮，「如果我買了烤箱，我這個月就要拖欠房租了，房東一定會對我冷言冷語，我一想到就難受。當然這也怪不得他，畢竟是我沒有遵守約定。但是舊烤箱已經壞了，不買的話，做飯就很不方便。」

左也難受、右也難受，窮人的「頻寬」已經被這件煩心事占滿了，留給他處理問題的心智空間所剩無幾，更何況令他煩惱的事情又何止這一件呢？於是，當一個工作或問題需要他處理的時候，他通常表現得很不明智，似乎永遠無法做出正確的決策。

同樣，當我們太想自律的時候，必然會陷入煩惱，從而進入「頻寬」不足、自律無能的狀態。**一方面，你總是想著要自律這件事本身就會占用你的精力。**就好像吃飯的時候你不好好品嘗美食，反而不停地告訴自己「要好好吃飯！要好好吃飯！」一樣，這樣不消化不良才怪呢。另一方面，**如果你有一天沒達到自己設定的自律目標，就會開始自我譴責：**「我做事真沒定性！半途而廢！朝三暮四！吊兒郎當！」陷入懊悔不已、羞愧難當的狀態後，哪裡還有心思去行動呢？

人的天性就是愛玩，不自律是必然出現的結果，更何況很多時候你制定的「努力計畫」也實在是太苛刻了一些，就連機器還得休息、充充電，何況人類呢？**也就是說，當你太努力想要自律的時候，結果往往是進入不自律的必然裡。**

你可以這樣改變

以退為進，以迂為直

1. 放下「必須自律」的執念，建立「不自律」的預期心理

那要怎麼鍛鍊自律呢？學習時間管理技巧？每天自我反省？顯然這都不是什麼好方法，因為這些只會占用你的心智空間，而非釋放。

從無法自制到自律，你需要的不是掌握什麼新的技能，而是學會「放下」。**首先要放下的，就是「我必須自律」的執念，建立「不自律」的預期心理。**

「我必須早上六點起床，吃飯只能用二十分鐘，不能磨磨蹭蹭，六點半開始奮發圖強，不看手機、不閒聊，注意力高度集中……一直努力到晚上十點！」也就是必須從這種把自己逼到絕路的狀態裡走出來，做好「我就是會不自律」的心

理準備。只要你知道「我就是會不自律，這很正常」，就不會總是擔心自己是不是自律，更不會就因為看了一下手機，就覺得自己是「垃圾」，在大腦裡將不自律的自己拉去「遊街示眾」，從而陷在自責的情緒裡出不來了。

你可能會問：**「天呀，那我豈不是會一事無成？」你之所以會這麼問，說明了兩個問題：第一，你還是沒搞清楚自己到底是要「努力」還是要「自律」；第二，你太不信任自己了。**

「我就是會不自律」並不等於「我要不自律」，而是說，**「當我不自律的時候，我知道這是正常的現象，我再把專注力拉回來，繼續努力就好了。」**說好了要讀書，結果滑了半個小時手機。「沒關係，滑完了就回來繼續學習就好。」與其批評自己、陷入內耗，不如好好利用接下來的時間。**畢竟我們的目標是努力與成長，而不是自律本身。**

2. 擺脫內在監督者，釋放自我成長力

你為什麼覺得失去了「我一定要自律」的強制力，自己就會失去努力的動力呢？原諒我用一個比較粗陋的說法，**這是因為你被別人管習慣了，從沒體驗過什麼是內在驅動力。**

你相不相信，**人本身就是追求成長的呢？不用別人強迫，人就會自然而然地努力，讓自己變得更優秀、能力更強、生活更幸福？如果你從來沒有這種信念，那麼是時候該建立它了。**

不要問這是「真的」嗎？我不想在這裡羅列諸多心理學研究文獻來支撐這個理論，我只說，相信本身就會讓你「得救」。

我信任自己生生不息的本能，所以我不用在內心分化出兩個自己，一個強迫者說：「你必須自律，不自律你就是個失敗者。」一個被強迫者說：「自不自律

是我的事，誰要你管！」從而不斷內耗。

很多心理學實驗也告訴我們，當一個人被內在力量驅動的時候，是遠比被外在力量驅動時高效得多的。「我喜歡自律與努力」是比「我必須自律與努力」高效得多的信念。**留意努力過後的成就感，雖然暫時沒有結果，但是你可以告訴自己「我今天又向前走了一步」，這些都是很適合建立內在驅動力的方式，都是可以讓你更信任自己、走出自我內耗式假努力的簡單可行方法。**

3. 用從容打開自律的大門

「釋放心智空間」還有一些輔助方法。比如說，運動。你在運動之後是不是會覺得神清氣爽、煩惱全消？那就去運動吧！比如說，冥想。將注意力放在呼吸這件事上十分鐘，然後你自然會感到注意力集中、內耗感消失。再比如說，親近大自然、洗個熱水澡、把手機關機，享受無社交生活、和家人在一起、與小動物玩耍！

我相信你比我知道更多的方法，最重要的是你已經知道，**要想打開自律的大門，鑰匙不在「自律」上面。既然不在這裡，那就退一步，去其他地方找一找。**就好像你想打開「賺錢」的大門，鑰匙從來不會在「賺錢」上一樣，退一步，想一想我可以為別人提供些什麼，可能就豁然開朗了。

「以退為進、以迂為直」，在努力中來點「從容」而不是強迫自己「自律」，往往才能事半功倍。

推薦閱讀

- 《匱乏經濟學》——森迪爾·穆蘭納珊（Sendhil Mullainathan）、埃爾達·夏菲爾（Eldar Shafir）
- 《輕鬆駕馭意志力》（*The Willpower Instinct*）——凱莉·麥高尼格（Kelly McGonigal）

重點總結

假努力模式：自我內耗式假努力

具體表現形式

1. 越想要「自律」就越是「做不到」。
2. 因為總想著要自律，而被占用了過多心智空間。
3. 因為無法自律而自我批評，從而焦慮、內耗。

解決方案

1. 放下「必須自律」的執念，建立「不自律」的心理預期。
2. 擺脫內在監督者，釋放自我成長力。
3. 用從容打開自律的大門。

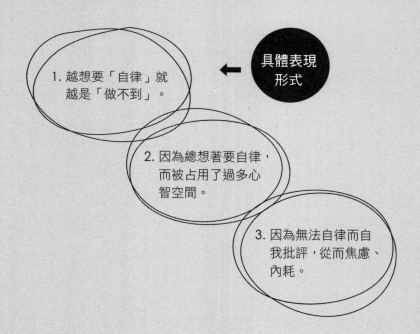

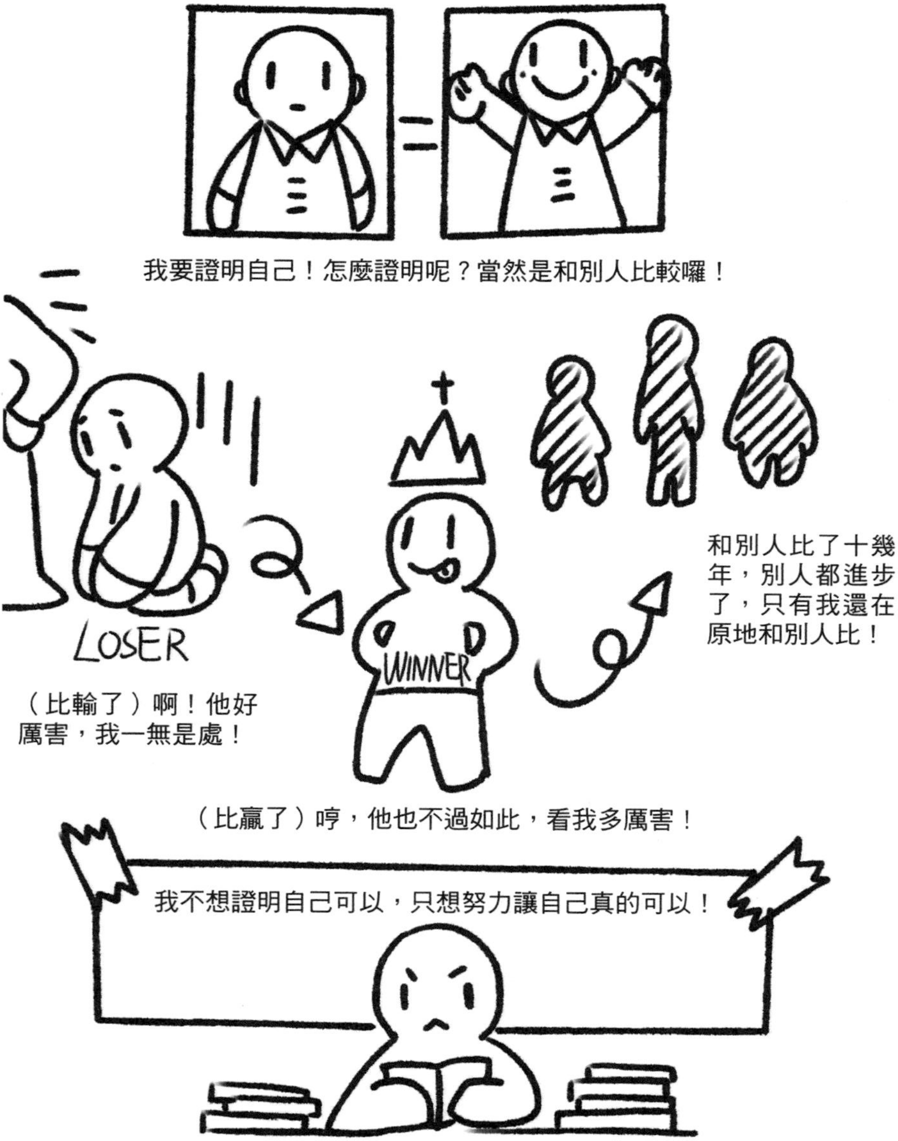
我要證明自己！怎麼證明呢？當然是和別人比較囉！
LOSER
（比輸了）啊！他好厲害，我一無是處！
WINNER
（比贏了）哼，他也不過如此，看我多厲害！
和別人比了十幾年，別人都進步了，只有我還在原地和別人比！
我不想證明自己可以，只想努力讓自己真的可以！

不與他人比較，專心精進自己！

03 自我證明式假努力

拚命想證明自己優秀，卻越比較越打臉

雅琳雖然外表看起來溫文爾雅，遇事不爭不搶，可是內心卻是要強好勝的。完美主義心態貫徹了她的為人處事，相當渴望證明自己。

讀大學的時候，她埋頭努力學習，想要透過推薦免試，直升研究所。然而刻苦四年，最終卻沒能如願。這讓她備受打擊。

「我就是什麼都做不好，我就是笨，就是不如別人，我就是不夠優秀！

一定是小時候沒有打好基礎，那年大三寒假我還跑出去玩，為什麼當時就不能更刻苦一些呢？」

在免試失敗、不得不備考的日子裡，她幾乎每天都在想這些，並越想越對自己失望，越想越無地自容。

最後本來成績不錯的她，大考成績連面試資格分數線都沒有到。

幸運的是，雅琳憑著大學文憑，找到了一份非常理想的工作。可是入職後她發現職場上臥虎藏龍。

在某次青年員工演講比賽上，她本來想借此機會展示一下自己的風采、得到主管賞識，可沒想到每個人的演講內容都不僅扎實且不失幽默。相比之下，自己那種煽情加喊口號的演講模式簡直太老套了！

「哎呀，太丟人了，簡直和別人不在同一個水準上嘛！雅琳呀雅琳，大學四年妳都在幹嘛，就只知道埋頭準備考試，完全沒想過提升一下自己的演講能力，妳這就是學生思維！幼稚！」

從此，雅琳在公司裡總有些抬不起頭來，覺得自己不如別人，未來肯定是機會渺茫了。於是，遇到挑戰，她也不敢向前，並逐漸糾結自己是不是應該換一份工作比較好。

現象剖析

努力證明「優越性」，從不切實提升自己

人通常會想要竭力證明自己，這沒錯吧？沒錯！證明自己的路上遇到了挫折，這很正常吧？正常！遇到了挫折說明「我不夠優秀」，邏輯通順吧？停停停，這就一點也不通順了，遇到挫折不是說明你該想辦法讓自己更好，以便戰勝困難嗎？怎麼就突然變成你不夠優秀了呢？

這就是我們說的自我證明式假努力了。你想證明自己不僅沒錯，而且太對了。**可是你所謂的證明自己，就是拿著現在的結果到處努力和別人比較，一旦發現自己比別人強，就開始覺得自己特別了不起，開始看不起別人；而一旦發現自己不如別人，就認為自己一無是處，永遠不如別人。**

但你卻從來沒把目光放在能夠真正努力的事情上，比如說，「我可以做些什麼，讓自己變得更好？」畢竟無論比較的結果是什麼，你都是這樣了，比較得再努力，也不會讓你成長分毫。

這種不關注未來、只想著如何證明自己優越的假努力模式，會讓你陷入一種非常無助的狀態。此時，你的思維會遭遇「三大怪」：怪過去、怪父母、怪他人。

遇到了挫折，經過比較發現自己不如別人，感覺自己非常挫敗，從而陷入了自我否定之中。可是有誰不希望自己是優秀的呢？失去優越感的痛苦迫使我們必須找一個替罪羊。**首當其衝的就是「過去」**。「要是我之前能更刻苦一點」、「如果我過去能更懂事一點」、「如果我過去能更有遠見一點」……悔不當初！可是你已經改變不了過去了，除了無助還能獲得什麼呢？

「怪過去」很快就會推導出「怪父母」。「我過去為什麼沒有遠見呢？都是父母沒有好好栽培我！我過去為什麼這麼不懂事？還不是叛逆、和我爸嘔氣嘛！心理學專家都說了，全是原生家庭惹的禍！」還是一樣的問題，就算都是父母的錯，怪他們也無法讓你變得更好。

然後，就是「怪別人」，**與其怪自己太沒用，不如怪別人太優秀！**簡單來說就是嫉妒。所以你看，只想證明自己優越而不求在未來有所進步的假努力，還會令你心胸狹隘。嫉妒，其背後是一種無助感！我不夠優秀沒關係，我可以努力；可是別人太優秀了，我能有什麼辦法呢？

因為「要強」，所以你會在無法證明自己比別人優秀的時候感到挫敗。因為無法承受優越感受損的痛苦，所以你將錯誤歸咎於過去、父母、別人。這樣的歸因方式會給你帶來無力感，而這份無力感又會加深「我只能透過和別人比較來證明自己的能力，而沒有力量透過行動讓自己變得更優秀」的假努力模式。這不僅會讓你陷入惡性循環，還會讓你遭遇自卑的痛苦。

別人都在努力提升自己，只有你在努力與別人比較、在自己到底「夠不夠優秀」上糾結，你和別人的差距自然會隨著時間的推移而拉大。即使現在你們在同一條起跑線上，「我不如別人」的想法也必將在未來成為一個必然而客觀的事實，從而讓你產生自卑感。

況且很多時候，我們會把「我不行」變成一種自證預言。免試保送沒成功，於是每天陷入自我譴責，這會讓你在準備考試的時候無法集中注意力，而最終考試落敗，證明了你的確不夠優秀。

演講比賽表現糟糕，於是你羞愧難當，再也不敢嘗試新的挑戰，最終與同事的差距越拉越大。**是你在不斷自行實現「我不夠優秀」的結論與「我不夠好」的預言，陷在自卑的死結裡。**

你可以這樣改變

走出受害者模式，站在未來看當下

1. 從「證明」自己優秀，到「努力」讓自己優秀

說到這裡，該怎麼做已經很清楚了。簡單來說，就是**從「證明」自己優秀，變為「努力」讓自己優秀**。《心態致勝》（*Mindset*）這本書中有一個概念，叫作「成長型思維模式」，我們在這裡可以借助這個說法，更好地去理解一下什麼是真努力、什麼是假努力。

成長型思維模式就是我認為自己是「可成長的」，既然是可成長的，就自然不會拿自己現有的成績、財富、工作去和別人比，來獲得自戀的滿足，因為這是具有「固定型思維模式」的人才會做的事情。固定型思維模式的人認為自己會一

直停留在目前的程度，為了獲得優越感只能與他人橫向對比。

而具有成長型思維模式的人，他只與過去的自己縱向對比，今天的我比昨天的我更好，明天的我比今天的我更好。在這種思維模式下，人就永遠不會因為暫時不如他人而自卑，更不會使自卑成為一個自證預言了。**同時，你還會變得更謙遜、對他人更加接納，因為你知道，每個人都有變得更好的能力，誰都不該被貼上不夠優秀的標籤。**所以，擺脫焦慮、自卑、嫉妒，進入真努力狀態，就是去問「我可以如何變得更優秀、更富有、更喜悅？」而不是去問「我要怎麼在和別人的比較中證明自己更優秀？」方法就這麼簡單。

2. 走出受害者模式：是我把事情搞砸的

擁有成長型思維模式，意味著一件事情：走出受害者模式。我們之前提到的怪過去、怪父母、怪別人，就是受害者模式的典型代表：**我生活中的所有現實，尤其是問題，都是別人帶來的，我是受害者。**

這樣做的好處很明顯，它可以幫助我們遠離「是我把事情搞砸了」所帶來的內疚、懊悔、害怕被指責等痛苦的情緒。

但是我們需要覺察到，「成為受害者」意味著「我沒有能力改變自己未來」的信念。很簡單，既然我現在遇到的問題是別人造成的，那麼我的未來也必然是由別人決定的。帶著這種思維模式，「從『證明』自己優秀，到『努力』讓自己優秀」的轉變是很難真正發生的。

所以，從受害者的身分中走出來，是改變的基礎。怎麼走出來呢？答案是承擔責任。你要承認，自己現在一塌糊塗的現實就是你自己造成的。不要說「我畢不了業都是因為爸爸幫我選的科系不好」，你爸替你選的科系是不好，可是你當時也沒堅決反對，不是嗎？

不要說「我現在混得不怎麼樣，都是因為之前沒有人先告訴我實際的人情世故是怎樣的」，之前是沒人先幫你做好心理準備，可是你現在懂了呀！我這樣說，不是為了讓你陷入自責，而是說你得要先將創造自己生活的責任承擔下來，因為只有你承擔了這份責任，你才能知道：**既然我能創造現在的現實，我就有能力也有責任，在未來為自己創造想要的現實。**

「不用承擔責任」是每個人心中都有的隱祕期盼，但「承擔責任」卻是一切成長的開端。

3. 意義療法：做一個「被未來決定的人」

你所謂不如別人、不夠優秀的現狀，到底代表什麼，不是現在就可以判斷的，而是由未來決定的。

這次晉升名單沒有你，如果你從此覺醒，按照書中的方法去努力，五年後當上了部門主管，那現在的失敗就是你成長的最大契機。而如果這次晉升沒有你，你就從此一蹶不振，五年後被公司裁員，那現在的失敗就是你一事無成的人生的開端。

過去確定無比，未來撲朔迷離。不要太早為自己的現狀下定義，什麼我太失敗了、我不如別人，這都是一種負面的自我預設。**唯有你站在未來，才能真正說出現狀的意義**。

所以，再一次，不做受害者，從「證明」自己優秀，到「努力」讓自己優秀，你因此獲得的不只是未來更好的自己，更是你現在是否足夠優秀的最終結論。

推薦閱讀

- 《心態致勝》——卡蘿・杜維克（Carol Dweck）
- 《意義的意志》（*The Will to Meaning*）——弗蘭可（Viktor E. Frankl）

重點總結

假努力模式：自我證明式假努力

具體表現形式

1. 只拿現在的結果與別人比較，而從未把目光放在未來能夠真正努力的事情上，最終你與他人的差距越拉越大，導致自卑情結。

2. 遇到挫折就自我否定，急於將錯誤歸咎於過去、父母、他人，並深感無力。

解決方案

1. 從「證明」自己優秀，到「努力」讓自己優秀。
2. 走出受害者模式，承認「是我把事情搞砸的」。
3. 從未來往回看當下的意義，做一個「被未來決定的人」。

從擠出時間到穩定情緒！時間管理的奧祕在這裡！

04 用力過猛式假努力

目標定得比誰都狠，放棄得比誰都快

在一個風和日麗的早上，宇軒從睡夢中睜開眼睛，看到窗外天朗氣清、惠風和暢，突然下定決心要發奮圖強了！

「論工作沒有進步、論學業也沒有成果，我再也不能這樣過活了！從今天開始，我要做一個不一樣的人！」

於是，宇軒開始思索：既然要努力，我的方向是什麼呢？我的目標又是什麼呢？總體來說就是擁有一技之長，成為讓別人羨慕的對象，做「人群中最優秀的人」！

至於具體行動嘛……我上個月嘗試過練毛筆字，想要寫一手漂亮的好字！練了一星期後，還在寫「點」不說，問題是寫得還那麼難看！去年也嘗試提升英語能力，還想要說一口倫敦腔，下次有外賓來，就能在主管和同事面前露一手了！學了也有一個月吧，別說接待外賓了，到底「broad」是牌子還是「board」是牌子都沒弄清楚，還有「abroad」又是什麼？最終不了了之……或許這些技能都不太適合我，這次我要重整旗鼓，挑戰個厲害的！要不然考研究所吧！既能在工作中提升學歷，還能學習新知，就這麼決定了！

宇軒從床上「騰」地一躍而起，翻閱經驗分享文章、購買書籍課程、制定詳細的學習計畫表，迅速開始行動！沒有目標的時候還好，此時一下有了努力方向，宇軒竟有了一種「時不我待」的緊迫感，就差頭懸梁，錐刺股了！

結果，第一天，預計完成五十頁練習題、背兩百個單字、聽五小時課程的「宏偉奮發計畫」沒能順利完成，宇軒深感挫敗。

第二天，突然接到出差通知，學習計畫表被打亂，宇軒很是焦慮。

第三天，女朋友質問他：「你最近為什麼都不回訊息，是不是不愛我了？」宇軒解釋自己要考研究所，女朋友卻不肯罷休，令宇軒心亂如麻。

第四天，考試書籍被束之高閣……「從今天開始我要做一個不一樣的人」的努力計畫，恐怕要等到下一個風和日麗的早上了。

現象剖析

期待「大力出奇蹟」，結果一次就報廢

個人目標很明確，卻總是無法持續努力達成目標，往往是「用力過猛」惹的禍。什麼是用力過猛呢？

首先是**心理期待上的用力過猛**。一手漂亮的字，一定是短則幾年，長則幾十年練習的結果，可是你一練字就期待著在書畫展上大展風采，自然會為一個「點」寫了一個星期還是不好看而灰心喪氣，不願意繼續堅持；流利的英語口語表達肯定也是日積月累的結果，可是你一上來就期待著在主管和同事面前露一手，自然會因為學了半天也滿足不了自戀的需要而放棄。

而心理預期上的用力過猛，又會導致努力進度上的不切實際。既然你一下子

就把目標定為了「三個月一舉考上名校研究所」，又不覺得這個目標有問題，那麼只能在學習進度上用力過猛了。也就是說，別人要準備一年的考試，你卻要明天就準備好，那麼你的計畫自然就會是在一天內掌握別人學了一年的成果。然後，你顯然就會經歷——無法完成、深感挫敗、計畫破產。

當然，很多時候，你安排的計畫也沒有這麼不切實際，只是「比較滿」而已。可是即便是在符合實際情況的前提下將行程排滿，仍然是「用力過猛」的表現。

為什麼這麼說呢？如果你已經出社會並成家，那麼生活中必然有很多突發狀況需要處理：臨時出差、重要的工作彙報、父母或孩子生病……於是，你滿滿當當的努力計畫必然會被打破，而未能完成計畫會令你深感挫敗、心煩意亂，結果仍然是計畫破產。

即便你是個「全職學生」，也總有身體不舒服、心情不好的時候，於是過於

「奮發圖強」的計畫會走向失敗，令你信心受挫，一氣之下將目標計畫全盤推翻，道理是一樣的。

這還沒有結束，當我們用力過猛地去努力時，自然會忽略很多本質上很重要的事情。比如說，沒時間陪女朋友、沒時間運動、沒時間睡覺……最後全一起反噬了。你要在哄女朋友這方面花上比原來相處時還要更多的時間成本，如果處理不當，還可能要在失戀的痛苦中掙扎更久。沒時間運動、睡覺，本來每天跑步一個小時，現在也用來奮發圖強了，然後變得精力差、情緒低落，進入慢性疲勞狀態，先不說看醫生也需要時間，而且這也影響你努力的效率呀！

所以，**不怕你不努力，就怕你太努力！從對自己過高的期待，到不切實際的努力計畫、排得滿滿的行程表，再到被反噬，這簡直是對自信心一次又一次的劇烈打擊。自信心都沒了，還怎麼努力呢？**這就是用力過猛式假努力的定義了。

你可以這樣改變

與其管理時間，不如花時間管理情緒

1. 放棄一鳴驚人的自戀幻想，建立合理預期目標

「欲速，則不達」、「不積跬步，無以致千里」的道理我們其實都懂，可是事情一發生在自己身上，似乎就想不明白了。**其中一個主要的原因，就是我們的「全能自戀」心態**。也就是源於嬰兒早期「我一動念，世界就得按照我的想法來運轉」心理，是你「不優秀、不配活著」的底層信念。

看一看你「在書畫展上一鳴驚人」的願望，問題已經很明顯了，你根本不是想要努力達成人世間的一個具體目標，而是希望達到一種「我就是神」的全能自戀感。

所以，要想從用力過猛式假努力中走出來，你首先需要做的是建立對自己的合理預期目標。今天學習明天就飛黃騰達，這不是自戀是什麼呢？「我預計透過五年持續的努力，自己會在某個領域嶄露頭角」，這還差不多。

當然，**擁有合理預期，是建立在你的目標是「有用」而不是「自戀滿足」的基礎上**。如果你學英語是為了「在主管和同事面前一鳴驚人」，在這個為了滿足自戀需要的目標驅使下，合理預期是很難建立的。

就好像如果一個人賺錢是為了穿金戴銀、向身邊的人展示財富以滿足虛榮心，那麼他是很難「君子愛財，取之有道」的。與之相反，如果你學英語是為了「有用」，比如說，能夠看一些一直想看、但是又沒有好譯本的書籍，能夠與更多不同文化的人交流、豐富自己見識的話，這些「樸實」的目標本身就會讓你對自己的進步保持平常心，對自己建立更合理的預期。

我們常說「個人目標管理」，其實怎麼透過拆解、反思與整合來管理目標只是細枝末節，關鍵是如何合理制定目標，而這關鍵中的關鍵，就是「不自戀，持續追求有用性」。

2. 拋棄製造焦慮的計畫管理，學會為時間留白

即便我們每天默念「欲速則不達」，也建立了對自己的合理預期，還是常常會因為「人必須逼自己一下才行」的執念，在制訂計畫時用力過猛。

典型表現就是制訂沒有餘裕的努力計畫。「半個小時的研究所備考課程結束後，馬上是半個小時的英語口語課程，而這些必須在八點至九點之間完成。」、「碎片化時間也要利用，上廁所的五分鐘也要背單字，即使在等車的三分鐘也要看三頁書！」

然而，在一個小時內聽兩個三十分鐘的課程，其間即便只是接到一通快遞打來的電話，也會導致計畫被打斷，從而令你灰心喪氣，容易放棄。

所以，**你需要的不是學習計畫管理方法，讓計畫變得更緊湊豐富，而是學會為計畫留白**。譬如，今天只需要背一個單字，往往是比今天背五百個單字好上太多的計畫，因為只需要背完一個單字等於順利完成了任務，成就感滿滿，於是你會為了再體驗一次這種成就感，而再背一個單字。「又記住了，我怎麼這麼厲害呢？再來一個！」直到你覺得累了，該休息了。

但是一天五百個單字，背了一個，還有四百九十九個；背了一百個後，卻忘了首個單字是什麼。挫敗、絕望、無力，此時你可能這輩子都不想再背單字了！

鬆散的計畫不會讓你懶惰，相反，它會幫你進入嚮往努力、想要努力的正向循環中，不再用力過猛式假努力。

3. 時間管理的高手：從擠出時間到穩定情緒

看到這裡你可能有點害怕：方法一，你要我放棄目標管理；方法二，你要我放棄計畫管理，我就是想「努力」一下，現在是一點辦法都沒有了；方法三，竟然還要我放棄時間管理。

這類假努力者只要一努力，就容易進入極其狹隘的視角裡，努力、努力，怎麼努力呀？那就高效利用時間吧。我們總以為「時間是海綿裡的水，擠一擠總會有的」，然後問題就出現了。

從陪伴孩子成長的時間裡擠出來的「水」，總要在處理孩子因陪伴不足而導致的叛逆問題上「還」；從陪女朋友的時間裡擠出來的「水」，總要在和女朋友吵架上「還」。**償還的時間代價是非常昂貴的，因為它不只意味了你要花時間處理麻煩，還代表你會長期處在煩惱和焦慮的情緒裡。**

所以，**與其管理時間，不如花時間管理情緒**。一天就是二十四個小時，你再管理也管理不出第二十五個小時來。況且，如果你心情煩躁，即便有第二十五個小時，也仍會無心上進。但是如果你能保持情緒舒暢，就可以隨時沉下心來高效努力，目標的達成只是水到渠成罷了。

推薦閱讀

- 《動機心理學》（暫譯，*Motivation Science*）——愛德華．伯克利（Edward Burkley）、梅利莎．伯克利（Melissa Burkley）

重點總結

假努力模式：用力過猛式假努力

1. 在對自己的心理預期上用力過猛，導致計畫不切實際。

具體表現形式

2. 過滿的努力計畫，令你忽略真正重要的人和事，導致效率低下、情緒煩躁。

解決方案

1. 放棄一鳴驚人的自戀幻想，建立合理的預期目標。
2. 拋棄製造焦慮的計畫管理，學會彈性調整與時間留白。
3. 成為真正的時間管理高手，從擠出時間到穩定情緒。

相親這麼多次，
人是一個比一個奇葩！
哼，我就不信了！
我要繼續提升自己！
攻讀博士！
考取證照！
ENGLISH
學英語！
100
有了梧桐樹，自然引來金鳳凰！
可是……為什麼手握證照無數，
仍然找不到靈魂伴侶！
≠
我要勇敢地去觸碰
家庭、人際、情緒
的核心問題，而不
是靠假努力自我安
慰、緣木求魚！
先被愛填滿，再開始努力！

05 南轅北轍式假努力

不能停！用努力「止心慌」，卻越努力越慌

「不論你說誰不努力，我都是能夠同意的，但唯獨你說芸菡不努力，我是萬萬不贊同的！」三十歲的芸菡已經取得博士學位，不僅手裡拿著雅思七分、核心期刊論文刊登三篇的成績，還堅持自我提升，斜槓考取了營養師證照、學習西班牙語，也掌握了程式設計技術。

你以為這又是一個「別人家孩子」的輝煌人生？還真的不是。因為芸

菡的內心並沒有因為這些優秀成績而被填滿，不要說幸福與成功，就是平靜都沒能因此獲得。

芸菡本就沒有很強的事業心，又擁有一份收入不算高但很穩定的工作，照理說，大學畢業文憑已足夠她應付這份工作了，再找一個合適的人成家，就能平平淡淡地過日子。可是，凡事都有一個「可是」，芸菡常常被焦慮與自卑的情緒困擾，這讓她不得不去努力。

細細想來，決定學西班牙語，就是在這般情緒驅使下做出的決定。那段時間，家裡人總是帶她去相親，見的男人一個比一個「奇葩」。有幾個對象芸菡很欣賞，可是對方又很不主動。於是有一天，芸菡忽地下定決心：「學習西班牙語！提升自己，讓自己更加優秀，擇偶自然就不是難題了！」然而，三年過去了，芸菡的西班牙語的確學得不錯，可是合適的男性一直沒有因此出現。

後來決定考營養師證照，也是在這種情緒的驅使下所做的決定之一。那段時間，身邊的朋友工作都很不順利，有的跳槽了，有的被裁員了，這也令她焦慮難安。「人要居安思危，我的工作現在看來穩定，可是十年後呢？到時候父母年事已高，我卻沒了工作，豈不是既無助又丟臉？」所以，芸菡下定決心：「我要考一張營養師證照，這樣如果失業了，我還能有一技之長，能更快地找到工作！」然而，當芸菡拿到證照後卻發現，自己內心的不安全感並沒有因此緩解，甚至有所加劇。

「我媽竟然說考這種證照就是浪費時間！不過，要是真的從現在這份體面工作，淪為自己隨便就考上的營養師，別人會怎麼看我呢？」於是，她再次做了一個決定：要不，唸個博士吧！

現象剖析

抽刀斷水水更流，「努力」消愁愁更愁

前面已經解析了很多「假努力」的形式，總體來說，就是想努力但是做不到，令人苦惱。可是還有一類人，是本不想「努力」，卻努力到停不下來，就像芸菡這樣。人生就是這麼不公平，是不是？不過你倒也不必苦惱，因為大家都是「假努力」，也算是扯平了。

攻讀博士、學英語、考證照，都是追求上進的好方式，看起來是「真努力」。但若你這麼做的原因不是想鑽研學術、升職、增加收入，而是緩解焦慮的話，那就是南轅北轍式的「假努力」了。

在尋找伴侶的相親活動中受挫，你的目標應該是提升相親成功率、拓展認識

異性的方法。既然如此，多使用交友軟體可能是比學西班牙語更有效、更直接、更快捷的方法。或者也可以試試向家人、朋友更精準地回饋自己對異性的喜好。

當然，如果你堅持只有在自我提升後，才能遇到更優秀的異性，那麼至少報個西班牙語實體補習班，就能做到提升自己、認識異性兩不誤，而不是宅在家裡只顧著自我提升，把尋找人生另一半扔著不管。

換句話說，你缺的是愛，學的卻是外語，這個彎繞得是不是遠了那麼一點點呢？而且，這裡往往還有一層涵義：「**既然在尋找伴侶方面令我自尊心受挫，那麼我就不在這方面和你們比較了，我要在語言學習的路上贏過你們！**」

看到這裡，你可能有些不服氣：「缺的是男友，卻在學外語。這算你說得有道理吧，的確是有點南轅北轍。可是我怕未來失業，所以希望擁有一技之長、提升學歷，邏輯很通順呀，怎麼會是假努力呢？」

再一次強調，提升學歷與學習技能都是非常好的上進方式，**可是很多時候我們這麼做，表面上是「有上進心、居安思危」，實質上卻是「安全感缺失、認可匱乏」**。

這是什麼意思呢？如果你要專精學術研究，那麼讀博士對你的工作和生活將是極有幫助的。可是你做著一份根本與該專業毫不相干的工作，卻非要在這裡費九牛二虎之力，為了一個少說十年內都不會發生的危機情況做準備。這不由得讓我想起前幾年的一本暢銷書，《垃圾場長大的自學人生》（*EDUCATED*）中有雙相障礙（bipolar disorder）[2]的父親，他為了「世界末日」製作大量桃子罐頭加以儲存的偏執行為，與你難道不是如出一轍嗎？考證照、讀博士，真的能緩

2 編註：一種影響情緒的病症，患者會在情緒高漲（狂躁）與低落（憂鬱）之間反覆切換。

解你內心那一份巨大的不安全感嗎？我對此表示懷疑。

除了安全感的缺失，停不下來的努力中還常常伴有「認可匱乏」問題。一般來說，這類假努力人群，往往有著秉承「批評使孩子進步，表揚使孩子學壞」教育理念的父母，導致你從小到大被認可的需要都沒有被充分滿足。

所以怎麼辦呢？努力找認可啊！怎麼找呢？考權威機構的證照！可我還是要問，如果你不去覺察自己真正的需要是「認可」而不是「考證照」，那麼再多證照又如何能真的救贖你呢？芸菡媽媽的一句「考這種證照就是在浪費時間」迅速就可以把她打回原形。就算芸菡博士畢業，那麼她的父母就「認可」她了嗎？我再次對此表示懷疑。

你可以這樣改變

滿足基本需求，直面深層痛苦

1. 滿足基本需求：先被愛填滿，再開始努力

所以，如何從用假努力來填補缺乏愛、安全、認可的無底洞，到真正努力追求自我實現呢？答案很簡單：先被愛填滿，再開始努力。

馬斯洛（Abraham H. Maslow）提出了人類需求層次理論，他說一個人最基本的需要是生理需求：吃飽、睡好。然後是安全需求：生活在有秩序的環境裡，能保護自己。再往上則是愛與歸屬需求：和深愛的人在一起，屬於一個組織與群體，感受家族的支持、認可與接納。在這之上才是自尊和自我實現需求：成為一個有能力的人，受人尊重，充分發揮自己的潛力。

這些需求是遞進式滿足的，**只有一個人滿足了生理需求之後，才會去追求安全需求；只有一個人的安全有保障，才會去追求愛；而只有一個人這些需要都被滿足了，才有能力追求自我實現，也就是開始「真努力」。**

我不否認，有的人的確可以在「缺愛、不安全、不被接納」的情況下獲得成功、取得好成績，但是就像芸菡一樣，所謂的自我實現，往往只是自欺欺人的假象，而並非喜悅與滿足。

2. 直面深層痛苦：觸碰家庭、人際、情緒的核心問題

芸菡代表的是意志力極強的少數人，可是大多數人在安全感缺失、愛和接納的需要未被滿足的情況下，不是取得博士學位、手握各類證書與證照，而是處於迫切想證明自己，卻難以真心享受努力過程的狀態裡。

這其實不難理解，對於一個吃不飽的人來說，他的全部精力都會放在獲得食物上面，根本沒有心力去思考什麼歸屬、什麼自我價值。一個父母吵架鬧離婚的孩子，全部精力都被擁有安全家庭環境和父母之愛的需求占滿了，哪還有心情學習呢？一個同事關係處得亂七八糟的人，就苦於怎麼找到歸屬感了，哪還有興趣好好工作、實現人生價值呢？

總而言之，如果你拚命努力真的是為了自我實現，攻讀博士學位是為了升職，考取證照是因為興趣所在，那很好，請繼續努力。

但是如果你不停地努力，卻仍然「一事無成」、內心空虛，那麼就請停下來問問自己：我有哪方面的需要沒有被滿足，以至於讓我在「努力」的路上一直和自己過不去呢？是安全嗎？是被愛嗎？是歸屬與支持嗎？然後請先去滿足這部分的需要吧。

去觸碰家庭、人際、情緒的核心問題，而不是靠假努力自我安慰、緣木求魚，努力將從此變成一件非常輕鬆、好玩的事情，而不再是令人疲憊而恐懼地填無底洞了。畢竟，我也想不出來，一個衣食無憂、被充分接納與愛的人，不努力實現自己，還有什麼其他更有趣的事情可以做呢？

推薦閱讀

- 《動機與人格》（*Motivation And Personality*）——亞伯拉罕·馬斯洛

重點總結

假努力模式：南轅北轍式假努力

具體表現形式

1. 看起來是努力追求上進，其實是為了緩解焦慮。

2. 表面上是有上進心、居安思危，實質上卻是安全感缺失、認可匱乏。

解決方案

1. 滿足基本需求：先被愛填滿，再開始努力。
2. 直面深層痛苦：觸碰家庭、人際、情緒的核心問題。

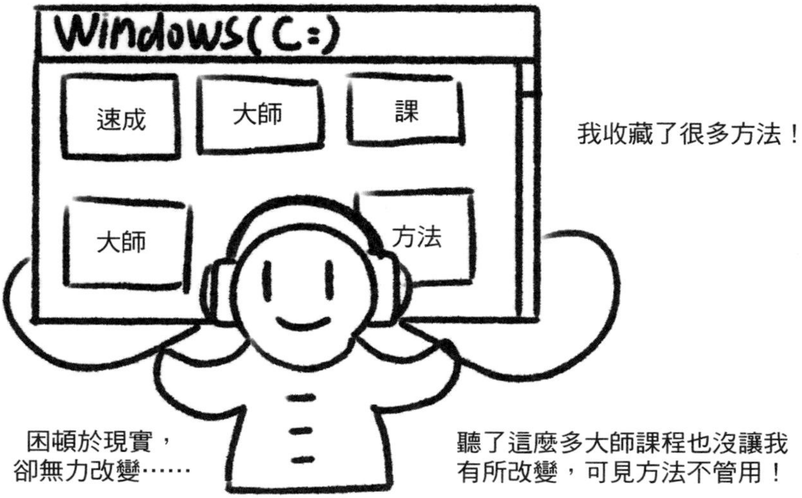
Windows(C:)
速成
大師
課
大師
方法
我收藏了很多方法！
困頓於現實，
卻無力改變⋯⋯
聽了這麼多大師課程也沒讓我
有所改變，可見方法不管用！

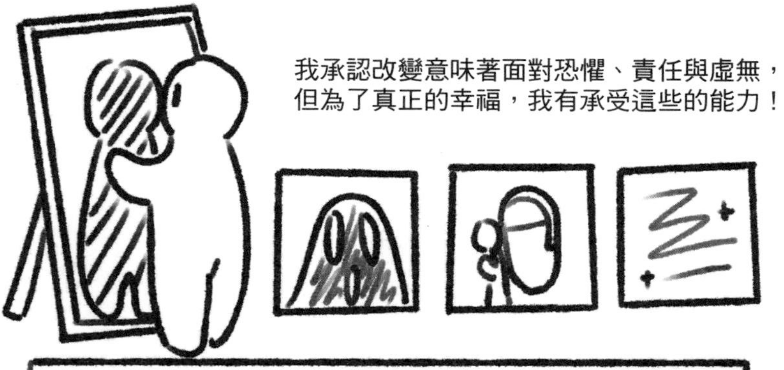
我承認改變意味著面對恐懼、責任與虛無，
但為了真正的幸福，我有承受這些的能力！

別忘了我們的輔助小技巧：
明確計畫五要素！

06 拒絕改變式假努力

懂了這麼多道理，我怎麼還在原地踏步呢

凱睿最近很焦慮，因為身邊的人與事千頭萬緒。

先說人際關係，一和父母講電話，自己就被他們嘮叨得心裡不痛快，女朋友又總是問自己是不是不愛她了。再說事業，他的收入不高又沒多少成長空間，可是如果換工作，凱睿內心又很猶豫。

然而，最令他心煩意亂的還是自己的狀態，明明年紀輕輕，體檢結果卻是高血脂、脂肪肝。說要運動吧，今天推遲到明天，明天又再推到後天。並且他還開始失眠，晚上睡不著，白天又頻頻打瞌睡，整個人都昏昏沉沉、非常萎靡。

為此，凱睿也做出了很多努力，不僅關注了大量的成功學、心理學、中醫、運動與健康類的社群帳號，還專門在手機裡建了三個資料夾：關係改善、事業指南與健康管理，把所看到自認為分析透徹、方法具體的影片和文章通通收藏其中。

「要完成與原生家庭心理上的分離，必須認知到你與父母都是獨立的個體，尊重他們的想法，同時做你自己，不要被他們影響，以及方法一、二、三。」

「在親密關係中要學會建立情感帳戶，以及方法四、五、六。」

「要學會進行目標管理，才能改變現在糟糕的身體、工作現狀，以及方法七、八、九。」

開始的時候，這些分析與方法對凱睿還蠻有吸引力，可是時間久了，看了第一段，凱睿都知道後面要講什麼了，老生常談，沒意思；不僅沒意思，還沒用。

「這些人每天就知道講一些大道理，我看了這麼久都要背起來了，也沒讓我的生活發生任何改變！」

一氣之下，凱睿刪光了資料夾內的收藏，繼續過他渾渾噩噩的日子了。「畢竟我也努力過了，絲毫沒效果，這又不是我的錯！」凱睿這樣想。

現象剖析

談方法朗朗上口，論實踐裝聾作啞

雖然你收藏了一大堆方法，但幾乎沒有行動，拒不改變，最後卻要埋怨方法不好用，感嘆「懂得了很多道理，也過不好這一生」，這種事我們每個人都做過。

王陽明說「知行合一」，只知不行實為不知，是很有道理的。你懂得了十個時間管理方法用來學習，不如坐下來真的看一頁書。掌握了二十種溝通技巧，不如和所愛的人面對面坐下來，坦誠真摯地聊一聊。為了保持運動習慣，觀看了各種體育運動的入門影片來培養興趣，不如現在就下樓跑跑步。只努力「知」，不真正「行」，你的努力是不會有結果的，這叫作拒絕改變式假努力。

用「拒絕改變」來形容這種行為模式，你可能覺得有點冤枉。「我要是不想改變，為什麼要學那麼多方法呀？我只是做不到嘛！」可是，為什麼你做不到呢？有人說，這是人類的大腦構造決定的。科學研究表明，人設定目標和執行目標的大腦區域是不同的，也就是說，知和行從生理上來說就不合一，這總不能怪我吧？

不論這研究多麼科學，這都不是問題的根本，畢竟區域不同，終歸也都是自己的大腦。難不成目標設定是你的大腦完成的，而目標執行卻是被猴子的大腦所支配了？

那麼，我們到底為何學習方法時很積極，一到改變就「隨便你」了呢？**因為我們雖然在理智層面知道，付出行動代表境況極大可能會好轉，可是在潛意識層面，我們其實一點都不想改變，因為改變意味著會經歷許多糟糕的體驗。**

改變意味著恐懼。「雖然現在的生活一團亂，可是我都這麼度過三十年了，早就習慣了。習慣的就是安全的，安全的就是好的。而如果我去行動、去改變，聽起來是確實是美好的，但那是全然的未知呀！」**未知的就是不安全的**，**不安全就是恐懼，恐懼就是壞的**。就好像一個孩子，雖然在現在的窮苦家庭裡被百般虐待，但他已然熟悉並習慣於面對這一切。如果突然要幫他換個富麗堂皇、充滿愛意的新家庭，他可能也難以適應。

改變意味著後悔。「如果我現在能戒酒，就說明自己之前也可以戒酒，那麼我因酗酒而妻離子散的現狀，豈不是會令我後悔不已？與之相反，如果一直無法戒酒，就沒什麼可後悔的了。」從這個邏輯來看，**為了不後悔過去，所以不行動，在未來繼續讓自己陷在麻煩裡**，的確是一個合理的論點。

改變意味著責任。「如果我現在能學會與人溝通，豈不是說明之前的關係問題都是我的錯？與之相反，如果我一直不學習溝通技巧，誰知道錯的是誰呢？」

這是不願意對過去承擔責任。「如果我真的行動了，境況卻沒有改變，豈不是很丟臉、很失落？**但是如果我不行動，我就能夠一直告訴自己：只是因為我沒行動，我只要一行動，一切都會好起來的。**」這是不願意為未來承擔責任。因為害怕對自己負責，所以不改變。

改變意味著虛無。當幾十年如一日不改變的時候，我們感到自己的存在是非常穩固的。不論我是溫柔的還是暴躁的，是自信的還是自卑的，是白領還是藍領階級，我總是擁有很多穩固的「標籤」。**可是說到改變，改變了之後，我是誰呢？心中固有的穩固存在感，瞬間變成了面對虛無的孤獨與懷疑**。就好像在陌生的世界裡一腳踏空，連自己是誰都搞不清楚了。

恐懼、後悔、責任、虛無，如果要面對這麼多潛意識層面的痛苦，「只努力學方法，不真正去行動」的假努力模式，似乎就非常安全了。

你可以這樣改變

建立四個信念，明確計畫五要素

1. 建立四個信念，擁抱改變的勇氣

為了不被改變所帶來的恐懼嚇倒，真正開始行動，以下信念是必須建立的。

「改變沒有那麼危險。」未知聽起來可怕，其實卻往往象徵新奇、精彩的體驗。比如說，走出熟悉的家庭環境，進入未知的社會，聽起來很可怕，但我們還是願意去與不同的人相遇、欣賞不同的風景、體驗這個世界的精彩，而不是一輩子待在媽媽的懷抱裡。與其因為對未知的恐懼而止步不前，不如帶著「改變沒有那麼危險」的信念，滿懷期待地去嘗試新的方法、獲得新的體驗。

「為了我真正想要的，必須放棄嬰兒般的期待。」因為不想後悔過去、為過

去承擔責任而不行動，這意味著你希望自己永遠正確，是全能的。害怕行動了卻做不到而感到丟臉，仍然是在維護自己的全能感。而全能，是一種嬰兒的期待，「我什麼都不需要做，就有神奇的力量（父母）滿足我所有的願望。」它不該屬於成年人，**成年人的世界是「我想要的任何東西，都需要靠我自己去爭取」**。

「只有我能改變自己的境況。」這和放棄嬰兒般的幻想是連在一起的。**要為自己的生活負責任，雖然這是一份沉重的壓力，但也代表我擁有創造生活的力量**。只要認清現實完全是自己創造的，行動就是一件水到渠成的事情了。

「我的存在本是就虛無的，因此我更珍惜行動的激情。」雖然拒絕改變可以讓你獲得關於自我存在的穩固感，可是不主動變革，就代表你的存在真的穩固了嗎？時間會令你變老，公司制度改革會讓你不得不適應新職位，甚至面臨失業，孩子的出生會賦予你「父母」的新身分，死亡會令你不復存在。究竟有什麼是真正穩固的呢？虛無本是我們存在的本質，這不是悲觀，而是說，既然**作為名詞的你不過是「夢幻泡影」，你最珍貴的就不是所謂穩固的存在，而是你能不斷行動、不斷從穩固的自我邁向未知與虛無的能量與勇氣。**

想到這裡，你也許就會明白：與其害怕面對存在的虛無而拒絕改變，不如承認生命的虛無，並開始行動。

2. 明確計畫五要素，迅速擁有行動力

說到這裡，話題似乎變得有些沉重。我就是沒有行動力嘛，你這都講到人生虛無了。還說要我大膽改變不要怕，我本來不怕，卻被你講怕了！

在這章的最後，必須再把話題拉回來。其實，應對只收藏不改變的假努力，一個小方法同樣就能夠幫到你，那就是**把行動具體化，讓它包含五個要素：時**

間、地點、人物、事件及替代方案。

比如說，「很多時候我也想更好地與人溝通，也學習了溝通技巧，可是什麼時候用呢？大概是在美好的將來吧。」不要這麼模糊，應將你的行動具體化：

時間：今天晚上七點。

地點：在客廳。

人物：我和妻子。

事件：使用今天學習的技巧，針對假期安排溝通並計畫。

替代方案：如果妻子加班，那就明天晚上在同一時間、地點練習。

可以自己感受一下，你學習的技能是在美好的將來使用機率大一些，還是在這個包含五要素的計畫裡大一些呢？很明顯，是後者。

要想擺脫拒絕改變式假努力，你需要的不只是覺察到對於行動的恐懼，透過建立信念獲得勇氣，還有一點行動上的小技巧。

推薦閱讀

- 《存在與虛無》（*Being and Nothingness*）——尚－保羅・沙特（Jean-Paul Sartre）

重點總結

假努力模式：拒絕改變式假努力

具體表現形式

1. 收藏了很多方法，但是幾乎沒有行動，拒絕改變。

2. 害怕面對改變帶來的潛意識痛苦， 無法承受恐懼、後悔、虛無等感受。

解決方案

1. 建立四個信念，擁抱改變的勇氣。
2. 明確計畫五要素，迅速擁有行動力。

第 2 章

人際關係中，水滴未必石穿，「自我感動」只會把他人越推越遠

我要去愛他！
我喜歡吃西瓜，我就每天買西瓜給她！管她愛吃什麼！
我喜歡看話劇，就連他的票一起買！管他週末是不是想宅在家裡！
我付出了這麼多，她怎麼就是看不見呢？
愛他如他所是，用他需要的方式表達愛意！
和陌生的人聊天，更要投其所好喔！

07 推己及人式假努力

我為她付出了這麼多，她怎麼就是看不見

明哲與安若結婚剛剛兩年，就遭遇了感情危機。

安若總是埋怨明哲不夠愛自己，而明哲覺得安若就是在無理取鬧。於是，一對曾經因為相互吸引、自由戀愛的伴侶，陷入了無盡的爭吵，婚姻變得岌岌可危。

萬般無奈之下，他們走進了心理諮詢室。

「麻煩你評評理！」他們氣急敗壞地對諮詢師說。

「結婚之前，我一直認為她是一個溫柔、善解人意的女孩，可是現在她完全變了，簡直不可理喻。我每天辛苦工作賺錢就不說了，還總是留心買一些小禮物給她，像是首飾、衣服或鮮花，我們公司的女孩子們看了都羨慕得不得了！可是你知道她怎麼說嗎？她說，你就是不愛我了！每天回來這麼晚，說是加班，誰知道是在外面搞什麼鬼！還總買這些沒用的東西來敷衍我！」明哲先發制人地開始了聲討。

「難道不是嗎？我自己也會賺錢，難道還需要你買這些給我嗎？你說我變了，變的人是你吧！談戀愛的時候，你會像現在這樣敷衍我嗎？那個時候，我宿舍的燈壞了，你就來幫忙換燈泡。我身體不舒服了，你會為我熬中藥！可是現在呢？」說到這裡，安若的眼眶一紅。

「妳看，妳又開始鬧脾氣了！妳是要上班賺錢，可是我也要上班賺錢，為我們的小家庭奮鬥！還特意買了禮物給妳！雖然我不想抱怨，可是這麼多年，妳送過我什麼禮物嗎？」

「禮物？你希望我送你禮物嗎？你可從來沒說過。我是沒送過你禮物，可是每天下班我都已經準備好晚餐、洗了衣服、甚至準備好洗完澡要穿的睡衣等你回來……」安若越說越難過，竟然哭了起來。

「我早說了，洗衣服做飯找鐘點工來做就是了，妳為什麼非要親力親為，到頭來又覺得受了很大的委屈呢？」

現象剖析

好的愛「愛他如他所是」，你的愛「全憑主觀想像」

看完了明哲與安若的故事，你發現問題關鍵了嗎？問題的關鍵在於，安若認為愛就是照顧對方、為對方周到地打理生活，而明哲認為送禮物才是表達愛意的最重要途徑。

但是，他們又**不管對方真正需要的是什麼，只是想當然地以為：自己需要的，對方肯定也需要。於是「推己及人」地給予了對方並不需要的東西。**

一個簡單比喻可以說明他們的處境：黑熊和小白兔結婚了，黑熊愛吃肉，於是把捕獵來的優質蛋白質都給了小白兔，小白兔強忍著難受咽下去後，結果消化不良，胃痛了好幾天。而小白兔愛吃草，於是把鮮美的青草都給了黑熊，黑熊掙扎著吃了好幾天，最後餓成了皮包骨。

如果這樣說，你還是對於「推己及人式假努力」給對方帶來了多大的痛苦、對關係造成了多大傷害沒有直觀感受的話，我再舉一個你肯定深有體會的例子，就是「你媽覺得你冷」！

你冷不冷不重要，重要的是你媽覺得你冷，所以你就必須穿衛生褲。回想一下你當時煩躁的心情，問題的嚴重性就不言自明了。你媽以為自己在愛你、關心你，而你感到的是憤怒與焦躁，因為這不是你需要的。

我們之所以在很多人際關係中感到不滿、委屈，不理解自己付出了這麼多，對方為什麼就不感激、不滿足，甚至恩將仇報呢，原因往往正在於此。錯位的愛，總是令關係布滿傷痕。

蓋瑞．巧門（Gary Chapman）在《愛之語》（*The Five Love Languages*）中將人

類普遍使用的「愛的表達方式」分為了五種，分別是：接受禮物、身體的接觸、肯定的言詞、服務的行動、精心時刻。書中強調，**要頻繁使用這些愛的語言向我們所愛的人表達愛意，這樣對方才能夠知道我們在愛他。**

但更重要的是，**必須要知道，每個人對於愛意表達的偏好是不同的**，有的人能從禮物中獲得最大的滿足感，而有的人非常需要對方的高度關注。所以，**了解所愛之人更容易從哪種愛的表達中體驗到被愛，是至關重要的。**

也就是說，不要想當然地頻繁送禮物給你的伴侶，卻沒有注意到他在渴求你的肯定；不要自我感動地為孩子洗衣煮飯，卻忽略了他對父母關注的需要；不要自以為是地言語鼓勵你的朋友，卻不知道他對於擁抱的渴望。

從效率上來說，這樣做可以讓你的付出在他人身上獲得最大的效用；而從功利的角度上看，既然對方具體化地體會到了被愛，他自然就會回報你。但最重要的是，從愛的角度來說，你終於真正學會了愛一個人。

你喜歡收到禮物的幸福感，於是你就送禮物給別人，看起來是愛別人，其實是愛自己。**因為這個時候，你都沒看到真正的別人是誰、他需要的是什麼，所謂的愛別人，又從何談起呢？唯有你放下了自己的需要，實實在在地看見對方，你才有可能去「愛」他**。我們說，最好的愛是愛他如他所是，也是這個意思。

現在，你可能已經體會到了推己及人式假努力在「愛」這件事中的可怕之處，感受到了錯位之愛的表達對於關係造成的傷害。但是，**最糟糕的事情，還不是別人需要陪伴，你卻猛送禮物；別人需要抱抱，你卻開始講起心靈雞湯**。

儘管人們雖然對於「愛的五種語言」敏感度不同，但是作為人類，我們基本上還是可以從這些表達方式中，多少獲得一些被愛的感覺。意思就是，雖然我更重視陪伴，但是你送我一份禮物，至少從理智上我還是明白，你是在向我表達愛意的。**最糟糕的事情是，你所謂的付出不是「愛的表達」，而是「自我感動」，最終目的是製造別人的內疚感，以達成自己的目標。**

比如說，「我因為擔心你而徹夜未眠」、「我都是為了你才沒有離婚」、「我因為和你的關係而心煩意亂，什麼事情都做不好」，並最終發出責難：「我為你付出了這麼多，你為什麼還不知道感恩，為什麼還不回報我的愛？」這真是一種奇怪的邏輯，你也沒為對方創造「效益」，對方為什麼要回報你呢？

這就好像公司發你薪水，一定是因為你完成了工作、有所產值，而不是因為你為了工作煩心而徹夜未眠，更不是因為你為了工作而暫緩生育。

每一個正常人都懂得回報別人的愛，可是沒有人願意為「你自己過不好生活，還要把責任歸咎於我」這件事買單，更沒有人願意活在你製造的內疚感與情感勒索中。

你可以這樣改變

看到真實的對方是誰

1. 走出「自我感動」陷阱，五種把愛真正給出去的方法

想要擁有「既有付出也有回報」的溫暖關係，**首先，得要讓對方體會到被愛，而不是感受到內疚、恐懼與憤怒**。也就是說，我們要把愛給出去，而不是用自我犧牲、自我折磨、自我感動來表達愛。

怎麼把愛給出去呢？很簡單，反覆運用人類普遍接受的「愛的五種語言」。

學會送禮物給別人，但這並不是說非要買昂貴的禮品、在情人節的時候買高價的鮮花，把在路上看到的一片美麗樹葉帶回去送給喜歡的人，也是一份珍貴的禮物，因為收到禮物的人會知道，你一路上都在想著她。

學會給予對方高品質的關注，關掉手機，和朋友暢談，與家人互動。學會在溝通裡給予對方支持，而不是不停地提建議、說教、替對方製造焦慮。提醒自己時常擁抱自己的愛人、孩子、寵物，給他們足夠的安全感。

為對方付出實際行動，做一頓豐盛的晚餐、在她難過的時候陪伴傾聽。當你下次感到不確定對方是否還愛你，感覺自己付出了很多卻沒有得到足夠的回報時，**與其抱怨，不如先問問自己：「我確實地將愛傳遞出去了嗎？」**不如迅速行動起來，選一個最近比較少用的方式，再向他表達一次愛意吧。

2.摸清對方愛的偏好，讓你的愛「有的放矢」

你需要用心搞清楚對方關於被愛的偏好。他是更看重我為他提供幫助，還是更在意我是否為他準備了禮物呢？最簡單的方法就是詢問。當然，不是用以下說法詢問：「快來告訴我，禮物、關注、實際付出、言語支持與傾聽、身體接觸，你喜歡哪種？」因為對方大概也沒有思考過這個問題。

如果安若清楚地知道，自己最在意的是明哲是否足夠關注自己，並不是收到禮物，而這正是他們關係中的癥結點，她早就表達了。

所以，詢問需要一些技巧，比如說：「你能和我聊聊，曾有哪些時刻讓你感覺到自己被愛著嗎？」如果對方說了十個場景，裡面七個都是「媽媽在我生病的時候給予安慰擁抱」、「朋友在我傷心的時候緊緊擁抱了我」，諸如此類，那你就知道，他原來是喜歡身體接觸的。倘若對方說了半天，都是「小時候爸爸送了我洋娃娃」、「第一次戀愛對方送了我玫瑰花」，那你就知道，她原來是更喜歡收禮物的。

除了詢問，你還可以觀察。一般來說，人總是會犯這篇中所講的「推己及人式假努力」錯誤，所以，如果你發現一個人總是透過送禮物來向別人表達愛意，那麼很大機率說明，是他自己喜歡這種方式。如果你發現一個人總是去陪伴那些處於痛苦中的人，那麼這也說明，他可能更需要的是語言上的支持或者高度的注意力投入。一般來說，不太會有錯。

3. 關係破冰祕訣：與陌生人聊天更要投其所好

除了親密關係外，我們還可以在與陌生人建立關係時即時做出調整。很多人覺得與陌生人聊天太難了，該說什麼呢？不知道。我聊的話題，對方總是接不下去，想想都尷尬。其實，與陌生人迅速打開話題、建立關係沒有那麼難。同樣，不要「推己及人式假努力」，而是看見真實的對方就可以了。

你看對方穿金戴銀，就不要和人家聊什麼「斷捨離」，而是聊百貨公司折扣。

你看對方左手拎牛肉，右手抱南瓜，就不要和人家聊什麼藝術展，而是交流美食心得。你看人家書櫃擺的全是書，就不要硬聊美容美甲，可以談論自己最近看了什麼書，獲得了什麼新觀點。

總而言之，**陌生人也好，親近的人也罷，建立關係的前提永遠是：你看到了真實的對方是誰，而不是眼睛一閉說：「管你是誰，我只要自己爽就行了！」**

推薦閱讀

- 《愛之語》——蓋瑞．巧門

重點總結

假努力模式：推己及人式假努力

具體表現形式

1. 想當然地認為自己需要的對方肯定也需要，於是推己及人地給予對方並不需要的愛。

2. 錯把自我感動當作愛的表達，用製造內疚感的方式對別人進行情感勒索。

解決方案

1. 走出自我感動陷阱，透過五種方法把愛真正給出去。
2. 摸清對方愛的偏好，讓你的愛有的放矢。
3. 關係破冰祕訣：與陌生人聊天更要投其所好。

「爸，你怎麼又亂買保健食品！」
「我的薪水，想怎麼花是我家的事！」
「你能行你來！」
「你不能這樣做事，效率太低了！」
「我都是為你好」，為什麼帶來的永遠是戰爭？
我溝通不是為了誰好，而是為了緩解自己的難受！
勇敢表達自己的情緒與需要！

08 情感離線式假努力

立足於「我都是為你好」的溝通，為什麼永遠會引起戰爭

雪婷常常有一種感覺，就是全世界的人都在和她作對。這個週末，早上和父母吃飯，她竟然得知父親又去買了亂七八糟的「保健食品」。「我說了多少次，不要亂買這些，你怎麼就是不聽呢？這些東西都是騙人的，你怎麼這麼糊塗，總是亂花錢呢！」

父親聽了雪婷的話，立刻不高興了，「咣噹」一拍桌子說：「我自己

的薪水，我想買什麼就買什麼！」然後，飯才吃了一半就憤然離席，直到雪婷離開時都沒再出現。

剛從家裡出來，雪婷又接到了公司通知，說有一項臨時的緊急工作，需要她配合同事卓穎一起處理。卓穎很快聯絡了她，並說了自己的安排。可是雪婷覺得這樣做並不是很有效率，要是按卓穎的方法來，自己就絕對趕不上今日下午和好友約會了。於是她說：「這種方法太沒效率了，根本不行。妳才剛來一年，對於怎麼工作還是不太有經驗。如果按照我的方法進行，事半功倍。」

卓穎先是在電話中沉默了好一會兒，然後冷言冷語地說：「到底是妳配合我工作，還是我配合妳工作？要不妳和主管說這項工作由妳負責好了！」然後「咣噹」一聲，掛斷了電話。

到了晚上，雪婷推開家門，映入眼簾的是男朋友在客廳一邊打電動一邊抽菸的身影。因為天冷沒有開窗戶，此刻屋子裡已經煙霧瀰漫。雪婷氣不打一處來地抱怨：「抽菸有害健康你不知道嗎？咳咳咳，你除了打遊戲能不能做點正事！這袋垃圾，早上就在這裡放著，你在家待了一天就不能順手去丟一下嗎？」男朋友把耳機摘下來，「咣噹」一下扔到桌上：「今天是週末，我放鬆一下怎麼了？妳不是也出去玩了一天才回來嗎？」

父親拍桌子，「咣噹」！同事掛斷電話，「咣噹」！男朋友扔下耳機，「咣噹」！躺在床上，雪婷的腦海裡不停地迴響著這個聲音。她就不明白了，這些人是怎樣？讓父親不要亂買保健食品還不是為了他好！用更高效的方式工作，難道卓穎不會輕鬆些嗎？叫男朋友不要抽菸、做點正經事，難道是害他嗎？我都是為了他們好，怎麼一溝通就吵架呢？

現象剖析

溝通不談感受與需要，全靠判斷與說教

「我說這些都是為了他好」這個說法，在我看來根本就是「鬼話連篇」！

你以為自己之所以和父母「溝通」，讓父母不要亂買「保健食品」，根本原因是為了父母好？才不是，根本原因是你擔心，擔心他們吃壞了身體，你要照顧他們會受不了！

你以為自己之所以和同事「交涉」，讓他們採用更高效的工作方式，根本原因是為了同事好？事實卻是他的工作方式讓你不便，讓你無法準時下班。

你以為自己之所以「嘮叨」男朋友，讓他少打電動，根本原因是為了他好？你捫心自問一下就知道了，根本原因是他打電動的話就無法陪你，讓你感到孤

獨；他打電動就沒有精力照顧二人共同的生活，讓你感到無力。

也就是說，**一個人之所以要表達、要溝通，原因其實只有一個，那就是「我難受」。可是我們從不這樣說，我們只說「我是為了你好」**。虛不虛偽？可不可怕？所以，為什麼你為了別人好，溝通了這麼多，別人非但不領情，還回應你一個又一個「咣噹」呢？因為你所謂的溝通，一直都是情感離線式假努力。

做人還是要對自己和他人坦誠一點！

當然，**我們之所以在溝通中總是「情感離線」，避而不談自己的感受與需要，而是談「我是為你好」、「講道理」、「批判他人」，並非故意虛偽不真誠，故意要讓對方白白領自己「為了你好」的人情，而是心理的自我保護機制**。

當我們坦誠地與別人溝通時，意味著要面對兩件事：自己的感受與需要，而這是我們最不願意面對的。

「爸爸，你亂吃保健食品讓我非常擔心！」、「親愛的，你總是打遊戲，這讓我很孤獨。」怎麼能這麼說呢，這顯得我多麼玻璃心呀？我是來溝通的，溝通就是你死我活爭出個結果，要不你委曲求全聽我的，要不我讓步聽你的！既然是一場較量，怎麼能一開始就示弱呢？**我要用批判、講道理的方式來武裝自己，我要說：「你這樣做是不對的！是犯糊塗！是亂花錢！」這樣才能虛張聲勢，顯得我很強大。**

無論小時候怎樣不被接納的經歷，造成了你「表達情緒就是脆弱，令人羞恥」、「溝通是你死我活的戰爭」這樣的信念，都是時候察覺並改變了。你的情緒是如此美麗而真誠，如果你告訴我你在為我擔心，我就會感覺到來自你的愛意。我願意為你改變，這不是羞恥的退讓，而是我在告訴你：我也愛你，所以我願意調整自己的行為模式讓你好過一些。而這才是溝通的本質。

除了感受，我們不願意面對的還有自己的需要。「我想在下午和朋友看個電影，所以想用更高效的方式工作。」、「我想讓你多陪陪我，我需要你的關心與傾聽。」但是，怎麼能這麼說呢？這會不會顯得我太自私了？對方會願意滿足我嗎？**這種種顧慮背後，隱含的都是你關於「我的需要是壞的」這般信念。**

可能在小時候，父母總是忽略你的需要，或者他們力不從心，讓你感到自己的需要為他們增添了巨大麻煩。甚至一些「有毒」父母，還會批評、羞辱孩子的需要：「你怎麼這麼不懂事！」、「怎麼就你問題最多！」這些情況都會造成你對於提出自身需要時的羞恥感。

可是你要知道，現在你已經長大了，面對的是完全不同的對象了。**如果你總是因為害怕而不說「我需要你的陪伴」，將自己保護在說教的幌子裡，說「你怎麼總是打遊戲，不做正事」，對方是聽不懂你需要什麼的。**

你可以這樣改變

讓溝通充滿愛與謙卑的五個步驟

為了讓別人聽懂我們到底在說什麼，使溝通既有效又傳達出愛，我們必須克服恐懼與羞恥感，將自己的感受和需要表達出來。下面的五個步驟，可能會對你有幫助。

1. 情緒宣洩階段

第一步 開口說話前，先提醒自己：我要開口說話了！這絕不是為了誰好，所以要開始講道理。更不是對事情的是非對錯做判斷，來發表自己不成熟的觀點，而是「我難受」！

第二步 繼續問自己：所謂難受是一種什麼感受呢？讓我難受的根本原因是什麼呢？

第三步 開口說話，充分表達自己的感受。

2. 需求表達階段

第四步 在情緒充分表達之後，暫停一下，問自己：對方現在已經明白了我的「難受」，我希望他怎麼做，才能讓我好受一點呢？

第五步 繼續開口說話，充分表達自己的需要。

我們就以前面說過的場景——「男朋友總是打電動」舉一個完整的例子。

到了晚上，雪婷推開家門，映入眼簾的是男朋友在客廳一邊打電動一邊抽菸的身影。因為天冷沒有開窗戶，屋子裡已經煙霧彌漫。雪婷氣不打一處來，實在忍無可忍，要開口了！這時用一下剛剛說過的方法吧。

第一步 雪婷做了一個深呼吸，並提醒自己：我要開口了！我想說教：「抽菸有害健康，你不知道嗎？」我想批判：「打電動就不是正事！」可是這都不是此刻要發起談話的根本原因，我之所以忍不住要開口，是因為「我難受」！

第二步 雪婷繼續問自己：所謂難受是一種什麼感受呢？好像是憤怒，可是他打他的遊戲，我為什麼憤怒呢？這麼說也不是憤怒，而是有點委屈、難過。我今天過得很不順利，想和他傾訴一下，他卻沒有關心我！

第三步 原來是這麼回事呀！於是雪婷開口說話：「親愛的，我今天過得很不順利，想和你說一說，可是你卻在打電動，根本沒有關心我。我覺得有些傷心與委屈，甚至還有些憤怒！」

第四步 在情緒充分表達之後，再做一個深呼吸，雪婷問自己：他現在已經明白了我的難受，我希望他如何做來讓我好受一點呢？

第五步 雪婷繼續開口說話：「我希望你打完這局之後，能暫停一下，陪我說說話。」

請對比一下雪婷之前強硬夾帶抱怨的溝通方式，究竟是哪一種能讓對方聽懂，哪一種能讓自己的需要更容易被滿足，是不是就非常清楚了？

其實，使用這種溝通模式，不僅可以讓溝通更高效，讓你與人交流時不再總是做無用功，它還可以讓你擁有一個非常美好的品質，就是「愛與謙卑」。

我和你溝通，是因為我有一個需求需要被你滿足，有一種情緒需要被你傾聽，我帶著最謙卑的心向你祈求。同時，這也意味著，我能夠對你懷有最善意的

揣測，認定你不會為此羞辱我、拒絕我。

我愛你，所以我允許你保留自己的界限，但是我也愛自己，我會勇敢地告訴你，我的需要與感受。

推薦閱讀

- 《非暴力溝通》（*Nonviolent Communication*）——馬歇爾・盧森堡（Marshall B. Rosenberg）

重點總結

假努力模式：情感離線式假努力

具體表現形式

1. 不承認溝通的根本原因是「我難受」，不斷地判斷與說教，而不談感受與需要。

2. 認為談感受與需要是錯誤和羞恥的，「情感離線」是一種自我保護。

解決方案

讓溝通充滿愛與謙卑的五個步驟

1. 我溝通源於「我難受」！
2. 我的感受是什麼？讓我「難受」的事情是什麼？
3. 充分表達自己的感受。
4. 我希望他如何做？
5. 充分表達自己的需要。

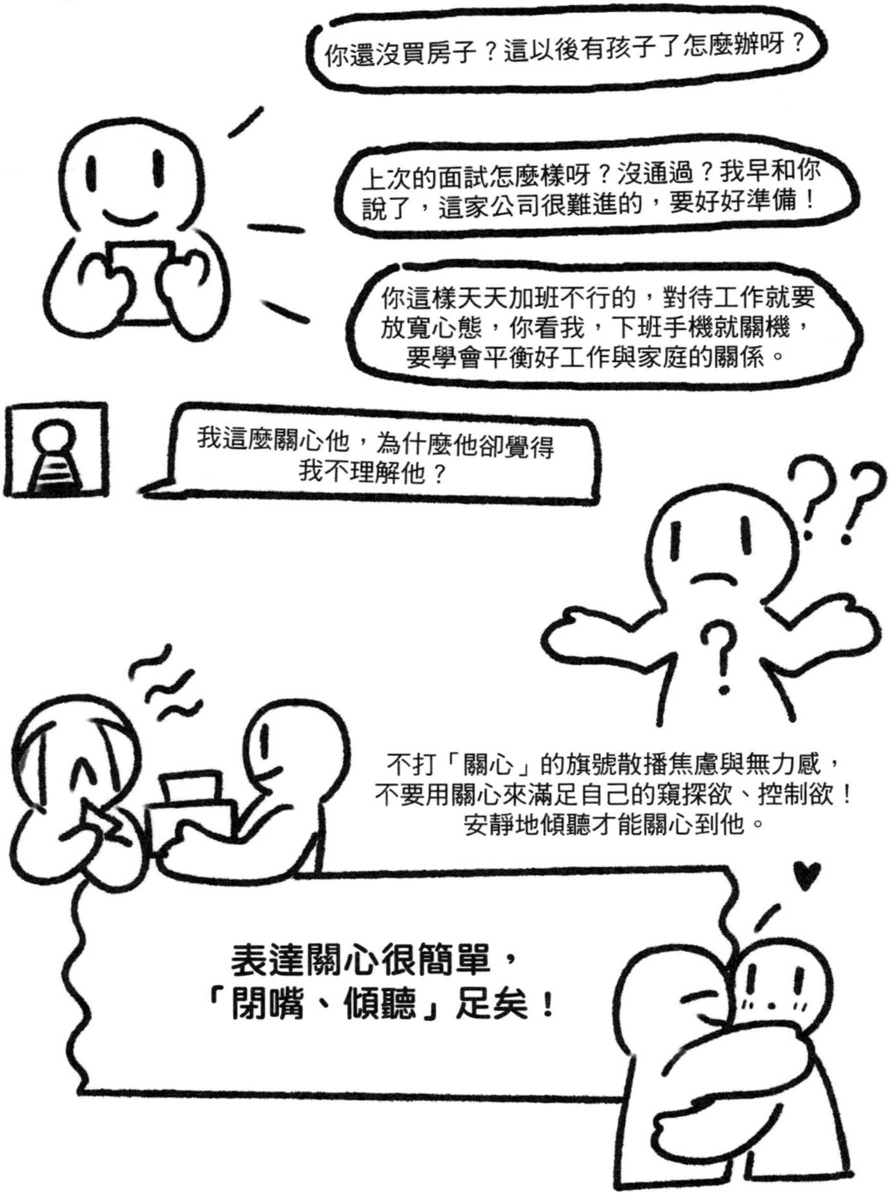
你還沒買房子？這以後有孩子了怎麼辦呀？
上次的面試怎麼樣呀？沒通過？我早和你說了，這家公司很難進的，要好好準備！
你這樣天天加班不行的，對待工作就要放寬心態，你看我，下班手機就關機，要學會平衡好工作與家庭的關係。
我這麼關心他，為什麼他卻覺得我不理解他？
不打「關心」的旗號散播焦慮與無力感，不要用關心來滿足自己的窺探欲、控制欲！安靜地傾聽才能關心到他。
表達關心很簡單，「閉嘴、傾聽」足矣！

09 過度關心式假努力

不知好歹！我這麼關心他，為什麼他卻怪我「不理解」

「叮！」

視訊通話接通了，父母熟悉的臉出現在了手機螢幕上。

「兒子，你怎麼又沒刮鬍子呀！你這樣怎麼找得到女朋友？上次人家介紹給你的那個女孩子，後來怎麼樣了？」

面對連珠炮一樣的提問，禹哲一時語塞，好不容易憋出了一句：「沒再聯絡了。」

「哎呀，你說你，人家還讀到博士，又是當地人，你總是說不聯絡就不聯絡了，這樣要怎麼結婚？我們什麼時候能抱孫子呀？」

禹哲再次不知如何作答。心想：什麼？抱孫子？這也想太遠了吧？

「我和你說，我又請李阿姨介紹了一個女孩，你趁著今天休息趕緊去剪剪頭髮。」

「還有你那雙鞋，趕緊去買一雙正式場合穿的。每天都穿這雙破爛的運動鞋，我都說了多少次了！」

禹哲本來也打算今天去剪頭髮的，畢竟天氣熱了，再說找女朋友的事，自己其實也蠻上心的。

可是聽爸媽這樣一說，他頓時不想去了：怎麼搞得我像個小學生似的，剪不剪頭髮也要掌控我！

「媽媽和你說，人靠衣裝馬靠鞍，人家女孩子第一次和你見面，對你也不了解，你以為人家會留意什麼？就是看你穿著打扮是不是乾淨俐落！別看這是小事，但是細節決定成敗！」

「又在講道理！又在說教了！」禹哲一邊在心裡抱怨，一邊翻白眼，努力壓抑著自己的憤怒。

「你看你這孩子，又不說話了。你早聽我的，也不會走這麼多彎路，每次都被人家看不上！」

「好了，媽，我今天還要去公司加班呢，不和你說了！」

禹哲感覺再不掛斷電話，自己就要崩潰了。

「好啦好啦，我知道你不愛聽我嘮叨，可是除了我們，還有誰會管你這些事呀！」

禹哲放下電話，也不知道心裡是什麼滋味。本來打電話給父母是因為有點想他們，想傾吐一個人在外的不容易，尋求安慰。現在只覺得心煩意亂，後悔打了這麼一通電話，被「關心」了這麼一通，現在一肚子火沒地方發洩。

「叮！」手機訊息又跳了出來。

「兒子，你一定要聽我的，今天就去剪頭髮！我晚上再和你視訊，看你剪了沒有！」

禹哲再也忍不住心底的怒火，罵了句髒話，把手機摔在了一邊。

現象剖析

你的處處關心，對方的嚴防死守

你被別人這樣「關心」過嗎？我之所以舉了這個與父母溝通的例子，是因為在這個場景裡，我們最容易切身體會到，過度關心式假努力會為關係帶來多大的創傷，會讓心與心之間產生多大的隔閡。

然而，說出來不是為了譴責或改變父母，而是說我們應該想到，其實自己在關係中也常常在用所謂的「關心」給他人帶來痛苦。**很多時候，我們以為自己是在努力給別人「愛」，但其實對方接收到的只有「焦慮」。**

典型的表現形式包括：過度探尋，製造焦慮；過度投射，製造無力感；過度提問，「釣魚執法」；過度建議，滿足自戀；過度提醒，侵犯邊界等。

1. 過度探尋，製造焦慮

先說過度探尋而製造焦慮的「關心」。當你與他人面對面坐下來時，就開始感到尷尬了，你想拋出一個話題來改變這種境況，於是開始「關心」起對方。「上次說和男朋友吵架了，最近還好吧？」、「聽說你最近在考慮買房子，進展得怎麼樣了？」、「最近生意不好做，你的收入還好嗎？」

最近生意不好做，你說我收入好不好？你知道我家的經濟狀況，買房子的進展還能怎麼樣？和男朋友吵得都要分手了，正心煩，和你說能解決問題嗎？我正為這些事感到煩心、覺得丟臉，為什麼非要問呢？這不是往我的傷口上撒鹽嗎？你怎麼不問：我記得你小時候尿褲子，現在還尿不尿了？

我知道，**你只是想努力對他人表達一下關心，但是對方感受到的卻是一種被過度侵入的不適和焦慮。**

2. 過度投射，製造無力感

過度投射製造無力感的「關心」，和過度探尋有點像，通常都是經由詢問展開的，只不過在這種模式中，我們不是透過提問戳對方的痛處，而是把自己的無力和弱小藉由「關心」不斷傳導給別人。比如說：「你還沒買房子？這以後有了孩子可怎麼辦呀？」、「現在就爭吵不斷，這以後的日子要怎麼過？」、「你說你生了這個病，今後的日子算是全毀了！」

沒買房子也可以很幸福地養小孩呀！就是夫妻間吵個架，問題有這麼嚴重嗎？是我生病不是你生病，你為什麼比我還絕望？

我們用自己的無力，為對方塑造了一個悲觀的世界，導致對方要不認同我們對他塑造的個人世界觀，產生相同的無力感，要不就需要動用能量，抵抗我們為其塑造的可怕世界。總而言之，你的關心讓對方感受到的總是無力，區別只是這份無力是來自認同，還是來自對抗後的疲憊罷了。

3. 過度提問，「釣魚執法」

我們還很擅長用過度提問來「釣魚執法」，比如說：「上次的面試如何？沒通過？我早和你說了，這家公司很難進去，要好好準備！」、「你最近和男朋友相處得怎麼樣？分手了？我早和你說了這個男生不好，你就是不聽！」

你先是打著關心的旗號去詢問、了解對方的情況，人家掏心掏肺告訴你了，結果你卻把對方提供給你的資訊，作為攻擊他的武器，去批評、懲罰他。先拿誘餌讓對方上鉤，然後再狠狠地懲罰他，這不是「釣魚執法」是什麼呢？

我知道，不論是開始的「詢問」，還是「馬後炮式」的批評，你的初衷真的是想要關心對方；可是接收到你的「關心」的人，感到的恐怕只有憤怒與噁心吧。

4. 過度建議滿足自戀

比「釣魚執法」溫和一點的，還有一種常用的「關心」方式，就是提建議。

「你這樣天天加班是不行的，對待工作就是要放寬心。你看我，下班手機就關機，要學會平衡工作與家庭的關係。」

下班就關機，我和你的條件一樣嗎？我要是像你一樣有三套房子租給別人，我也關機，不光下班關機，這個鳥班我都不上了！就你會說風涼話，好像我不知道要平衡工作與家庭的關係似的。

「你這樣考前抱佛腳是沒用的，要提早準備，光是死記硬背能記住什麼，複習要提前，考前應該做的是放鬆。」

提前複習、提前複習！問題是明天就考試了，我不臨時抱佛腳，還能讓時光倒流回一個月前嗎？

提建議看似是我們想要透過「幫別人想辦法」來關心別人，其實往往是一種滿足自己「自戀需要」的行為。因為**提建議其實是在暗示這樣一些資訊：「我比你聰明！我比你有辦法！我比你更懂人情世故！」不然為什麼是我提建議，而你聽建議呢？**

既然如此，對方感到的自然不會是：「謝謝你的關心，太感恩你給我的寶貴建議了！」而是：「你怎麼總是站著說話不腰疼？說風涼話有意思嗎？就只有你有想法、懂得多是不是？」

5. 過度提醒，侵犯邊界

接下來再說說「過度提醒」這種關心人的方式。過度提醒，也就是我們常說的「嘮叨」。

雖然從感覺上說，「嘮叨」這個詞是屬於父母的。「兒子，你這鬍子得刮了吧，你看你邋邋遢遢的！」、「女兒，晚上得好好吃飯呀，不能天天吃什麼減肥餐，你看新聞裡那女孩子減肥都減死了！」然而「我不信任別人能處理好自己的事情，所以得要為別人的事情操心」這種心態，其實是每個人都有的。

你有沒有對你的伴侶說過：「快把你的東西收好，我都說了多少次了，下次又找不到了！」你有沒有對你的朋友說過：「你這頭髮得補染了吧，你看顏色都掉了，多難看！」你有沒有對你的同事說過：「你怎麼還沒幫兒子報名補習班呀！他的進度都落後了！」

看似是善意提醒，其實是對他人邊界的侵犯，對他人可以處理好自己事情的不信任。看似是溫暖的關心，卻是在打亂別人計畫、替他人平添煩惱。

你可以這樣改變

學會閉嘴，別用「關心」來滿足自己的私欲

看到這裡，你可能很困惑，上面這些過度關心式假努力，的確會讓對方感到不舒服，讓你無法把真正的愛給予他人。可是既不能提問也不能探尋，既不能講道理也不能提建議，連善意的提醒都成了問題，那我要怎麼辦？

答案是：閉嘴！所謂閉嘴，其實就是學會傾聽。而學會傾聽，也就是允許對方去展現。讓他告訴你，他在煩惱什麼、在思考什麼、在什麼方面需要你的建議。這才是真正以對方為中心，滿足對方的需要，而不是打著「關心」的旗號，以自己為中心，滿足自己的需要。

**過度探尋看起來是關心，其實是在滿足我們自己窺探的欲望；過度投射看起

來是關心，其實是在傾訴我們自己的無助；批評、提建議看起來是關心，其實是在滿足我們自己的自戀需要；過度提醒看起來是關心，其實是在滿足我們自己的控制欲。而傾聽，是我放下所有私欲，全心全意地關心你是誰、你在想什麼。

1. 簡單的傾聽

最簡單的傾聽，就是只說「哦」、「嗯哼」、「這樣呀」。不評判、不妄下結論，對方想說，我就去理解。對方不說，我就陪他待一會兒。反正我不會用我「關心」的言語去虐待他。

2. 主動表達對他人的興趣

當然，還可以主動表達對他的興趣：「能再和我深入聊聊嗎？」、「當下你會有什麼感受？」、「你的想法是什麼呢？」我不知道還有什麼比知道一個人對我感興趣，更能令我感到關心與愛意了。原來他對我怎麼想、有什麼感受如此關心，他一定很愛我吧。

3. 表示理解，將心比心說出他的情緒

可以表示理解：「和他分手你一定很難過吧！」、「面試沒通過你一定很懊惱吧！」

將心比心地說出他的情緒，不僅可以讓他感到你理解、關心他，更可以讓他知道，產生這些感受是很正常的，從而得到情緒的釋放與緩解。

總而言之，**關心一個人說來簡單，「閉嘴」足矣。可是關心一個人又真的很難，它要求我們放下自我，帶著會被他人影響、同化的恐懼，允許對方袒露自己。**

除了「偉大」，我都不知道還可以用什麼詞來形容這一份無私的愛意了。

推薦閱讀

- 《親密關係》（暫譯，*Intimate Relationships*）——羅蘭・米勒（Rowland S. Miller）

重點總結

假努力模式：過度關心式假努力

具體表現形式

我們以為自己是在努力給別人愛，
而對方接收到的只有焦慮

1. 過度探尋，製造焦慮。
2. 過度投射，製造無力感。
3. 過度提問，釣魚執法。
4. 過度建議，滿足自戀。
5. 過度提醒，侵犯邊界。

解決方案

學會閉嘴，別用「關心」來滿足自己的私欲

1. 簡單的傾聽附和：只說「哦、嗯哼、這樣呀」。
2. 主動表達對他人的興趣：能再和我深入聊聊嗎、這個時候你會有什麼感受、你的想法是什麼呢？
3. 表示理解，將心比心說出他的情緒：和他分手你一定很難過吧！、面試沒通過你一定很懊惱吧！

只要對方滿意、大家都喜歡我就行了！
我是一個隨和的「好人」，其他都不重要！

我不斷犧牲自己讓別人滿意，
為什麼卻越來越缺愛呢？

不用「犧牲自己」道德綁架別人。
→我有義務教會別人如何愛我！
→用「真我」獲得「真愛」是我的責任！

這才是對他人的「人道主義」！

10 削足適履式假努力

不斷犧牲自己讓別人滿意，卻越討好越缺愛

「初桐，中午妳陪我一起去吃火鍋好嗎？」朋友一邊看店家評論，一邊問道。

「好呀好呀，我都行。」初桐這樣回答。

然而，初桐內心卻是崩潰的：啊，火鍋，我昨天才吃過……而且你看的那一家CP值真的很低呀。

「初桐，幫我拿個快遞包裹好嗎，我有點事走不開。」同事剛放下電話，就發出了需要幫助的呼喚。

「好呀好呀，沒問題。」初桐回答道。

然而初桐卻一邊下樓一邊想：煩死了，我也在忙呀！因為怕自己在忙不方便取貨，我從來都不選公司的地址收件。而你為什麼明知道自己走不開，還非要把東西寄到公司，這不是一開始就想要使喚別人嗎？

「初桐呀，媽媽和妳說，我看新聞說今年雨量大，很多地方都發生了土石流，特別可怕。妳說妳表妹，還非要去深山裡健行，多令妳舅舅擔心呀，太不懂事了！」

「是呀是呀。」初桐附和道。

然而放下電話後，她開始有些惆悵：本來還在和好友們商量週末一起去爬山，「土石流、深山」，去了等於不懂事，還會讓父母擔心，那還是算了吧……

「初桐，妳聽我說話怎麼只會點頭呀？就知道說嗯、嗯、嗯！」主管沒來由地發難。

「哈哈，是呀是呀。」初桐尷尬地回應。

走出辦公室，她是又委屈又生氣：你說話我不點頭，難道還能搖頭嗎？不過都怪我太沒骨氣，他這麼說，我竟然還笑著回應了他。初桐，看看妳自己這副嘴臉，噁心！

現象剖析

無底線滿足別人的期待，卻沒有獲得想要的愛

雖然不想吃火鍋，但就是無法說出自己真實的想法與需要；雖然自己也在忙，但就是無法拒絕幫忙同事取貨的要求；雖然知道世界沒有媽媽說得那麼危險，但還是忍不住做出了別人期待的選擇；雖然對方簡直是在無理取鬧，但你還是忍住了怒火，笑臉相迎。這種種行為，其實都是你在透過犧牲自己的需要和感受去「討好」他人。

為什麼要這麼做呢？很簡單，**你想要別人覺得自己是個好人，從而喜歡你。**但你是否想過，為什麼「別人覺得你是個好人並喜歡你」對你來說這麼重要，甚至不惜犧牲自己的感受與需要呢？也很簡單，因為這意味了你可以在充滿愛的

關係裡，不斷體驗被愛的美好感覺。可是透過「討好」，你的需求被滿足了嗎？並沒有。

為了獲得愛與認可，你自我犧牲地全心為他人付出，換來的卻往往是「不被愛」的下場：你發現別人已經習慣了你的遷就與忍讓，習慣了不考慮你的感受與需要，習慣了把你的壓抑與付出當作理所當然。你的犧牲與他人的回報早就遠遠不成正比，這就是我們說的削足適履式假努力了。

為什麼會這樣呢？

「果然好人沒好報！」你可能會這樣合理化。然而如果仔細分析，你就會發現，不是別人得寸進尺、恩將仇報，而是以自我犧牲為手段的付出，必然會造成「不被愛」的結果。

首先，**因為自我犧牲，你實際的付出程度和對方感受到的是不一致的。**同事找你幫忙拿快遞，對於你來說，是在百忙之中還答應了他的請求，可是在他看來，你就是順手幫他拿了個快遞而已；在你看來，自己為了讓父母安心，取消了週末的登山健行計畫，是做出了巨大犧牲來讓對方滿意，可是對方可能根本不知道你的打算。

有人無理取鬧惹你生氣，你的體驗是自己苦苦壓抑了憤怒的情緒，才沒有口出惡言去傷害他，以致自己承受著失眠焦慮的痛苦，可是在對方看來，你當下只是面帶微笑，對方甚至都不知道你生過氣。

你建立在自我犧牲上的付出，與別人從你這裡獲得的「好處」天差地別。你為了別人犧牲了自己的時間，可是在別人看來，就只是順便去拿了個快遞呀。**人和人的交往當然是建立在互利互惠的基礎之上，可是對方根本就不知道你為了討好他，自我犧牲了多少，自然也就無從回報起，而這勢必會造成你內心的不平衡，**

讓你感受到「不被愛」。不是別人「狼心狗肺、不知感恩」，而是你的自我犧牲毫無必要。

如果同事知道你正在忙、沒有空，他大可以找別人拿，找那種拿快遞就是拿快遞、不需要把「自我犧牲」成本也算在他頭上的人。

如果父母知道你是為了迎合他們而要取消週末的登山行程，他們可能會非常吃驚地告訴你：「我剛才就是隨便說說，人哪能因為害怕危險就不出門，你自己注意安全就是了。」如此看來，我們的「討好」只是自我感動，又有什麼理由去奢求他人的回報呢？

其次，**當你犧牲了自己的需要與感受去迎合他人的時候，你身邊的人將永遠無法學會如何去愛你。**

你明明就不愛吃火鍋，可是卻偏偏要說：「好呀好呀，我都行。」那你的朋友就永遠不知道你到底愛吃什麼，也就不可能知道如何投其所好地去「討好你」。說不定下一次看你心情不好，還會請你吃一頓火鍋呢！

你明明對於他這樣說非常生氣，可是偏偏壓抑不悅，還面帶微笑，那麼對方就永遠不知道你的底線，還以為你喜歡他這樣和你開玩笑呢！說不定下次人更多的場合，還會這樣對你！

父母對你的干涉明明讓你很痛苦，可是你從來不表達，父母還以為你就是和他們的意見永遠一致的「一家人」，根本不知道你還需要一種愛，叫作「尊重」。久而久之，絕望、憤怒、不被愛的感受成了必然。因為身邊人雖然與你相處已久，卻始終沒有被教會該如何愛你，而你的感受卻是：我犧牲了這麼多，為什麼他們就是不能對我好一點呢？

每個人都有愛的能力，可是沒有人天生就會愛你。被愛絕不會建立在不斷退

讓與犧牲的基礎上，而是需要你充分表達自己的需要與感受，需要你勇敢地去教導別人如何愛你。

最後，**當你為了討好別人犧牲掉自己的需要和感受時，其實是在用一個「假我」與他人打交道。**

然後問題來了，一個人說他真的很愛你，對你也真的很好，可是你能夠心安理得地接受這份愛意嗎？不能，你會生怕別人看穿你的真實面目，看穿你其實不想去吃火鍋、不願意幫他拿快遞、不願意做一個乖孩子、不想壓抑只想粗暴發洩的真面目。

也就是說，**你會感覺被愛的自己是一個「冒充者」，別人愛的根本不是你，而是你展現給對方的「美麗假面」。**

你可以這樣改變

說出自己的感受與需要，是對他人的「人道主義」

為了走出「不斷犧牲自己的需要和感受去討好別人，卻越討好越感覺不被愛」的困境，恐怕需要了解一下以下幾個「人際交往人道公約」。

1. 我不隨便犧牲自己，增加別人不必要的人際成本

我不在自己不願意的時候，答應幫別人跑腿。這樣，他人就不必承擔我為了他犧牲自己休息時間所需要的人情，在下次我開口的時候，幫一個不費力的小忙就可以了。我不委屈自己的需要，也不一味遷就別人的口味，「飯友」是為了一起品嘗美食、獲得快樂的，沒有必要讓別人每和我吃一頓飯，都欠下一個巨大的

人情債。我不忽略自己的想法，一味迎合別人對我的期待，因為我怎麼生活總歸是我的事，我不該讓別人為我的生活承擔責任。

2. 我有義務教會別人如何愛我

即便是養小貓小狗，我也會先上網查詢須知事項，學習怎麼與牠們相處。我不該異想天開地認為，別人不用經過學習就能懂得如何愛我這個獨特的存在。

所以，生氣的時候，我會告訴別人「你傷害了我」，讓對方知道下次不要這樣做。別人的決定不合我意的時候，我會告訴別人「我並不喜歡這樣，為了你的開心我這次願意遷就你，可是我真的不喜歡」。感到滿足的時候，我當然也會告訴別人：「你這樣做，我覺得很幸福，以後請多多這樣來愛我吧。」

3. 用「真我」獲得「真愛」，是我的責任

是否在愛中成為「冒充者」，始終只能由你決定。如果展現真我，那麼哪怕我只獲得過一份愛，我也知道這份愛是百分之百屬於我的。如果展現假我，就算我獲得一萬份愛，也終究只是一個「冒充者」，因為沒有一份愛是真正給「我」的。所以，被愛或不被愛，從不在於別人，用「真我」換「真愛」從來都是我自己的責任！

推薦閱讀

- 《不去討好任何人》——滑洋

重點總結

假努力模式：削足適履式假努力

具體表現形式

為了獲得愛與認可，你以自我犧牲的方式努力對別人好，換來的卻往往是「不被愛」的體驗。

解決方案

說出自己的感受與需要，恪守三個「人際交往人道公約」

公約 1：不隨便犧牲自己，增加別人不必要的人際成本。

公約 2：我有義務教會別人如何愛我。

公約 3：用「真我」獲得「真愛」是我的責任。

我要打好人際關係，成為
別人眼中完美的存在！

我昨天請假了，同事
會怎麼看我？！

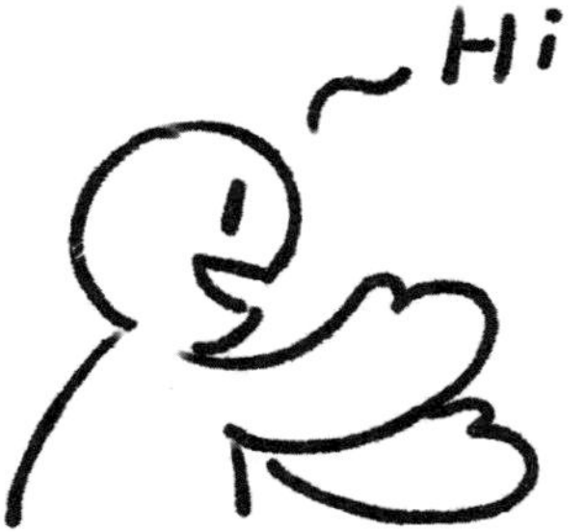

那天是不是穿得太花俏了，
別人會怎麼看我？

與人相處怎麼就這麼累呢？

我沒有那麼重要，其實根本
沒有人「看」我！如果我真
的關心別人怎麼看我，與其
猜測不如大膽去溝通！

與其糾結「別人怎麼看」，
不如問「這樣做時，我是怎麼想」！

11 想太多式假努力

特別在意「別人會怎麼看我」，為什麼還是把關係搞得一團糟呢

知潼發現，自己越來越不想社交了。每次與人打交道總是覺得疲憊，甚至羞恥。

先說羞恥。昨晚和同學一起去KTV，我也不知道怎麼想的，點了一首〈難忘今宵〉。哎呀，這首歌也太俗氣了吧，自己又唱得亂七八糟，太難為情了，同學們會怎麼笑我呀！

還有上一次，大家一邊喝茶一邊聊蘇軾，我竟然說了句：「我也喜歡蘇軾的豪放：『喚起一天明月，照我滿懷冰雪，浩蕩百川流！』」

對面的朋友默默地來了一句：「這是辛棄疾的詞！」啊……我的腦袋是被門夾到嗎？太丟人了吧！

再說說疲憊吧。早上打電話給爸媽，他們說外婆生病了，我卻因為週末的一場重要考試，沒有主動提出回去探望。

我這樣是不是太不孝順了？家人們會怎麼說我呢？所以到底要不要回去呢？糾結得我好累呀！

還有週末，我和朋友去吃飯看電影，吃完飯要結帳的時候，突然接到了一通很重要的電話。等我回來時，朋友已經買過單了。後來買完電影票轉帳的時候，我的手機又連不上網路了。

她會不會覺得我是故意讓她付錢，覺得我占人便宜呢？不行，我必須找個機會和她解釋解釋，明天就得趕快再約她吃頓飯，主動買單以表明態度！扳回這局！還她人情！

唉，交朋友怎麼這麼難，與人相處怎麼就這麼累呢？

現象剖析

別人會怎麼看我？其實別人真的沒空看你

「別人到底會怎麼看我？」是很多人精神內耗的核心。我們時刻想要確認自己的表現在別人看來是不是優秀，是不是友善，**這種不斷揣測他人想法的行為模式令人身心俱疲，就好像有一雙永不閉合的眼睛，時刻懸在頭頂嚴厲地監督著我們。可是我們卻執著於此，不知疲倦。**

會產生這種心理最主要的原因，恐怕就是**對於愛的渴望與滿足自戀的需要了。**一方面，我要維護一個「完美的」自我形象。如果我是完美的，「時尚而沒有一點俗氣」、「博學而沒有一絲錯誤」、「孝順而沒有一點私欲」、「慷慨而沒有一絲小氣」，那我總會獲得愛了吧？那麼別人就無從對我進行挑剔，我脆弱的自尊心就不會受到傷害了吧！

另一方面，如果我能夠待在一個不斷被別人定義的狀態裡，就意味著我成就他人獲得了「神性」，讓他們成了我兒時父母般強大的存在，這樣我就可以重新體驗一種嬰兒時被保護、被愛的快樂與安全了！我就又成了無所不能的「嬰兒陛下」！

可是結果怎麼樣呢？只能說是不大理想。**因為絕大多數時候，我們以為的「別人會這樣想」，完全是一種「幻覺」。這是你為了被愛，為了滿足自戀需要，而做出的想太多式假努力。**

一方面，你以為別人每天閒閒沒事做，總在說你壞話或評判你。「哎呀，知潼點了一首老歌，真俗！」、「哎呀，知潼說錯了這首詞的作者，什麼都不懂還要賣弄！」、「哎呀，外婆生病了，知潼卻沒回家探望，有夠不孝！」而**實際上，**

別人根本沒時間去糾結你的所作所為。

大家一天有那麼多煩心事，還要和你一樣糾結於「別人會怎麼看我」，哪有時間再去議論你呢？不信的話，你反思一下，你一天有多少時間能想別人俗不俗氣，想別人有沒有良知呢？恐怕少之又少吧，占據你大腦最多的，總是自己的事情。

另一方面，**我們以為的「別人會這樣想」，其實不是別人這樣想，而是我們自己會這樣想**。不是別人認為你點的歌太土，而是你自己覺得自己點的歌太土；不是別人覺得你不孝順，而是外婆生病你卻在準備考試，這令你內疚，你自己心裡過意不去。不是別人在看你，是你把自己內心的這些批評投射到了別人身上。

你花了很大力氣去糾結「別人會怎麼看我」，其實卻是在和自己的心魔戰鬥。如果這份「想太多」帶給你的只是疲憊，那也就算了，權當自己對著空氣練拳鍛鍊身體了；問題是**除了疲憊，你的自尊心還會備受打擊，你的人際關係還會頻出問題，這與你想要的愛與自戀的滿足完全背道而馳。**

疲憊就不用說了，每天都把「別人會怎麼想我」這個問題想一百遍，換誰誰都累！畢竟心理「勞動量」就明擺在那裡。

接下來，就重點說說這一行為模式為你的自尊心和人際關係帶來的問題吧。

首先，關於「別人會怎麼想我」，你得出的答案永遠是自我攻擊性的。「別人會覺得我說了傻話、做了傻事。」、「別人會覺得我不夠樂於助人、不夠慷慨大方。」如果真有一個人天天站在你旁邊如此打擊你的自尊心，你早就打下去了，可是**這個人偏偏是你自己，既趕不走又反駁不了，只能每天為自己沒能做到「完美」而自我苛責，並且自尊心受損。而自尊心越受損就越脆弱，就越容易因為別人的一句話、一個眼神而受到傷害，最終將自己的脆弱變為關係的脆弱，讓你感**

覺自己總是在關係裡受到傷害。

其次，因為你將內心對於自己的評判投射到了別人身上，比如，你自卑於自己沒有大學畢業，就總覺得別人嫌棄你學歷低；你自責於自己因為工作而忽略了家庭，就總懷疑別人指責你不負責任。**這相當於讓別人無辜背鍋，當了「惡人」，而你卻深信不疑地認為，不是自己的問題，而是別人對你充滿了評判。**

你把別人塑造得這麼醜惡，還怎麼和他們當朋友呢？還怎麼與他們建立充滿愛的關係呢？

最後，**這種行為模式還會因為「不真誠」而為關係帶來巨大傷害。**我常常開玩笑說，**兩個人之間溝通，看起來只有兩個人在場，可是實際上在場的有很多人：我想讓你看見的我，你想讓我看見的你；我以為你看見的我，你以為我看見的你；我自以為看見的你，你自以為看見的我。**

還有，我代表我爸觀點表達的我，我考慮我媽想法後表現的我；你代表你爸觀點表達的你，你考慮你媽想法後表現的你，等等。

你們的溝通場域裡充滿了「別人的想法」，唯獨沒有真實的你和我。而你和我都不在，關係的建立又從何談起呢？

你可以這樣改變

成熟關係的前提是分化——對他人不揣測，對自己不隱瞞

你想要透過不斷思考「別人會怎麼想我」，以獲得良好的自我感覺和他人的愛與接納，結果搞得自己身心俱疲、自尊受損、人際關係亂七八糟。是時候放下心理包袱，活在真實的你與我的互動之中了。

1. 建立「我沒有那麼重要」的信念

如前面所說，你總是以為別人在關注你，而實際上別人根本沒空理你。這個信念必須時時放在心上，因為它可以幫助你從一種混亂的人際模式裡抽身，結束與他人未分化的狀態。

之前你總是把目光放在別人身上，關注別人的想法，可是你關心的又不是別人，而是別人怎麼看你。就好像你與他人根本不是獨立的個體，而是不斷糾纏在一起的能量場一般，人際關係自然是剪不斷理還亂的。

2. 不去猜測「別人怎麼想」，而是開口詢問

既然你與他人是兩個完全分化、完全獨立的個體，就需要明白：「別人怎麼想」不是靠猜的，而是靠詢問。你不是對方肚子裡的蛔蟲，永遠看不透別人真正

的想法。你以為別人覺得自己點的歌太俗氣，事實卻可能是別人覺得你這個人很懷舊；你以為別人覺得你背錯了詞在耍笨，事實卻可能是別人覺得你這個人勇於發表不同觀點；你以為別人覺得你沒有及時回家、探望生病的家人沒有良心，事實卻可能是別人覺得你一個人在外面打拚著實不容易。

所以，如果你真想知道別人是怎麼想的，與其自己躺在床上思前想後睡不著，不如直接問一問對方：「我這麼做，你怎麼想？」這就是成熟。

3. 開始覺察「我怎麼想」

很多時候我們真正在意的，不是別人怎麼想，而是自己的需要與被我們內化的客體、文化、主流價值觀之間的衝突該如何化解的問題。比如，小時候爸媽總在你面前抱怨：「你二阿姨一家真是太自私自利了，每次家庭聚餐時都不買單。」

於是你記在了心裡：「原來一個人不慷慨大方，會讓我的父母這麼惱火，會被如此詆毀！原來吝嗇是不被我們的文化與主流價值觀接納的！」

於是當你長大之後，每一次都要在花錢這件事上顯得自己很慷慨，苦苦壓抑自己的私心。可是自私與吝嗇是人性不可避免的一部分，免費的午餐誰不想要呢？這會令你的內心衝突交加。但你不去探究這份衝突，而是堅持認為自己就是慷慨大方，毫無吝嗇之心。最終這種對自己需求的壓抑，這種你以為不會被允許的人性，就變成了「別人會認為我不夠慷慨」的擔心與內耗。

所以，最後再強調一次，**別人沒空記得你，但是你必須留時間讓自己思考：「我怎麼了？為什麼我會要求自己是完美的？為什麼會認為自己的需要是不被允許的？這有多少來自童年時與父母的互動經驗？父母的價值觀真的代表所有人的價值觀嗎？」**

我永遠不知道別人會怎麼想我，因為我與你是獨立的個體，如果我真的想知道，我會去勇敢地詢問。但更重要的是，我開始關心自己怎麼想了，而不是不停地「胡思亂想」。

推薦閱讀

- 《愛的藝術》（*The Art of Loving*）——埃里希·佛洛姆（Erich Fromm）

重點總結

假努力模式：想太多式假努力

具體表現形式

時刻想要確認自己的表現在別人看來是不是優秀，是不是友善，以致身心俱疲、自尊心受損、遭遇關係難題。

解決方案

1. 建立「我沒有那麼重要」的信念。
2. 不去猜測「別人怎麼想」，而是開口詢問。
3. 開始覺察「我怎麼想」。

我要找到靈魂伴侶、莫逆之交！

Pass

這個人不夠懂我，算了！
這個人不夠優秀，算了！

別說靈魂伴侶了，找個人談戀愛都沒有！別說莫逆之交了，找個能交心的朋友都難！

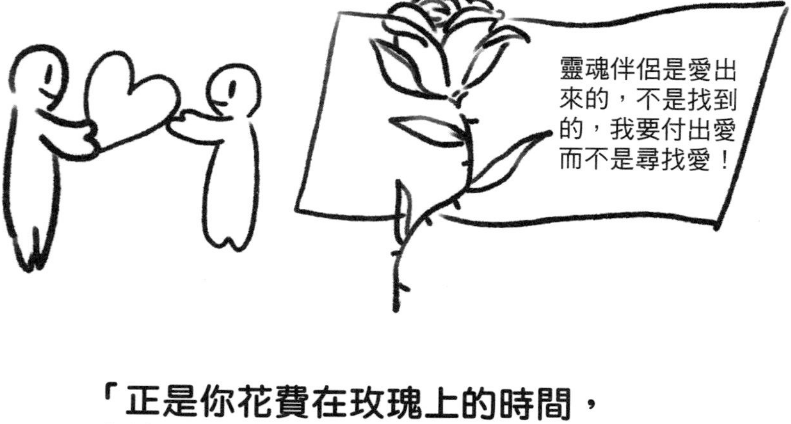
靈魂伴侶是愛出來的，不是找到的，我要付出愛而不是尋找愛！

「正是你花費在玫瑰上的時間，
才使得你的玫瑰花珍貴無比」。

——《小王子》

12 過度索取式假努力

試了一個又一個，怎麼還沒找到那個「愛我的」人呢

「找不到合得來的男朋友也就算了，可是我怎麼連一個能交心的朋友都交不到呢？」

一楠一邊生氣一邊嘆氣，焦急又無可奈何。

去年我和小柔走得比較近，可是小柔這個人很被動，每次都要我主動約她。雖然只要我邀約，她總會欣然答應，可是這讓我心很累，不確定她

到底是不是喜歡和我一起玩。

後來，我們也就漸漸失去聯繫了。

最近我和伊寧來往得較頻繁，可是那天我身體不舒服，需要有人陪著去醫院，她當下卻說在忙。

雖然後來伊寧也打了電話表達關心，我也相信她當時的確走不開，可這總讓我覺得和她的關係欠了點什麼，不夠深厚。

詩然其實是個蠻有趣的朋友，每次和她在一起，她都有很多好玩的事情分享，可就是不太懂得傾聽，常常不能滿足我傾訴的需要。還是和她維持「比較熟」的關係就行了，成為「摯友」恐怕沒有必要。

這個人也不行，那個人也不好，是不是我太挑剔了？這會不會也是我一直找不到男朋友的原因？

上個月媽媽介紹了一個讀到博士畢業的男生，他人也蠻好的，就是不太會支持、鼓勵我，我一和他說傷心事，他就開始幫我分析問題，好像是我的錯一樣。

再之前的那個對象……他的車壞了，我還送他去超市，他完全沒有回報之意，自私自利。

「人無完人」這個道理我也懂，可是我就是沒有在這些關係裡找到被愛的感覺呀。難不成還要我委曲求全，隨便找個人談戀愛、隨便找個人交朋友嗎？

現象剖析

錯將「被愛」當作「愛」

在關係裡總是感到不滿足、不滿意、不被愛，是很多人的真實困境。像一楠說的：「我也知道自己『有點挑剔』，可是我也不能因為『人無完人』就降低標準，待在不被愛的關係裡委曲求全吧！」話聽起來蠻有道理，可是這裡有一個問題：**如果人人都等著被愛，期待別人更主動、付出更多一些，那所有人都將得不到「好的朋友」、擁有不了「愛的關係」了。**

也就是說，很多時候我們錯誤地將「被愛」的問題當作了「愛」的問題，結果陷入了過度索取式假努力。

錯將「被愛」當作「愛」，直接導致以下幾個心理現象。

你會覺得找不到合適的朋友和伴侶，是因為那個「正確的對象」還沒出現。

於是，小柔不行換伊寧，伊寧不行換詩然，反正地球上最不缺的就是人，總能遇到那個愛我的人！當我們在關係裡極度渴望「被愛」的時候，這個邏輯其實很「正確」，我能不能感受到愛，既然是「別人愛不愛我」的問題，那我能做的，不就只有不斷尋找那個能給我足夠愛意的人了嗎？

我不是說我們不該在關係裡尋找被愛的感覺，可是這樣找下去，什麼時候是盡頭呢？**每一段關係都是蜻蜓點水，每一次付出都是淺嘗輒止，深厚的情誼全靠幸運地遇到一個對的人？**

《小王子》中說：「正是你花費在玫瑰上的時間，才使得你的玫瑰花珍貴無比。」世界上有成千上萬的玫瑰，可是你對我之獨一無二，不是因為你「好到完美」，而是因為我對你的付出。所以，**大多數情況下，找一個「還算過得去」的**

人去愛，而不是等一個無比優秀又充滿愛的能力的人來愛我，這樣我們在關係中體驗到的快樂、連結與愛意將大大增加。

能不能感受到「幸福」，與別人的關係往往不大，只要你抱著一種「管你愛不愛我，反正我愛定你了」的態度堅持去澆灌，收穫的總會是深情。

總是期待「被愛」，還會導致我們退化回嬰兒狀態，產生對於「無條件的愛」不切實際的渴望。「為什麼這位朋友不能無條件地傾聽我、對我好？」、「為什麼這名異性不能一認識就對我倍加關照？」都是這種心理的表現。理智上我們當然知道，成年人的世界是互利互助的，但在我們心底，總渴望有那麼一個人，可以不因為我的付出、我的優秀、我的善解人意，從一開始就對我青睞有加。

在我們還是一個小嬰兒的時候，所獲得的就是這種愛。那個時候我們什麼都不會做，但是母親卻無條件地愛著自己。這種愛非常誘人，以至於時至今日我們還在內心深處默默渴求，想要重溫那份柔情。

但現實是人總要長大，我們必須學會接受「父愛」模式：「我愛你是因為你最優秀、最像我。」這也是成年人典型的健康關係模式。

有條件的愛看起來「不夠純粹」，但是換一個角度來看，這種愛其實更加可控。因為如果你是無條件地愛著我，那麼我就永遠不知道你何時會收回這種愛。但如果你的愛是有條件的，那麼只需要滿足條件，就可以一直擁有你的愛了。

更深入地說，人在關係裡想要獲得的，當然包括「愛」，但這並不是全部，我們還需要在關係裡獲得「價值感」，就是我的存在對他人來說是至關重要、可以被索求的。而這是一個「被動的嬰兒」永遠無法體驗的，只有你「主動去愛」，才能成為對他人有價值的人，才能在關係中體驗被需要的快樂。

過度在意「別人是不是愛我」，還會讓我們把關係中的付出與回報變成一種

「交易」，**並讓我們總是體驗不到愛**。你過生日的時候我送了你一束花，於是我開始期待我過生日的時候，你也送我一份禮物，以表達愛意。其實我需要的也不是一束花，而是我很在意你是不是「足夠愛我」。

結果有兩種，一種是你沒送禮物給我，於是我大失所望，覺得自己受到了欺騙，你一定不夠愛我。另一種情況，是你送了我禮物，可是我思索過後，卻覺得興致索然，你會送我禮物，還不是因為我之前先送了你禮物？大概也不是真的愛我吧。所以對方到底要怎麼做，我才能感受到愛意呢？我其實不知道，這樣想想，也覺得自己實在是莫名其妙。

你可以這樣改變▼

提升愛的能力，不再「等愛來」

想要被愛，可是越追求，「愛」就跑得越遠，怎麼辦呢？**恐怕我們能做的就是將「對被愛的渴求」化為「去愛的行動」了。**我不是說你要隨便找個對象後就開始自我感動、自我犧牲地付出，而是說，與其處在糾結於別人是不是愛你的無力狀態裡，不如去主動地愛他人。

因為當你這樣做的時候，你會感覺到「愛的悠長」，感到自己的內在有無窮無盡的愛可以使用，並感到充盈。而不是等著被愛，卻越索取越感到匱乏。

給的人富足，要的人貧窮，「愛」也是如此。你問我怎麼才能找到那個真的愛你的人，我卻要答非所問地告訴你怎麼去愛別人。

1. 當你感覺不到「被愛」時，再主動去愛一次

有的時候，人的確會陷入「他是不是不愛我了」、「我在關係中是不是付出

得更多」的無助狀態，但是這個問題其實無解。**即便對方充滿耐心地一再保證他對我們的愛，即便我們理智上也知道對方在關係中有所付出，但這仍不能消除自己的重重疑慮。**

這個時候，其實可以問自己，「**我可以做些什麼向對方表達一些愛意呢？**」每當這樣去想、去行動的時候，就能很快從一種被動無助的狀態，進入一種喜悅而有力的感受裡：「我才不管對方愛不愛我呢，反正我愛他愛得很快樂。」

2. 練習去愛陌生人

付出總是計較回報，在關係裡總是權衡自己被愛得是否足夠，這其實正是人性。因為無底線的「大公無私」，會讓一個人的生存成為問題。所以，想要在無限的愛中感受喜悅，而非在「是否被愛」中糾結，是每個人都需要刻意學習和練習才能掌握的技能。

一個很好的練習方法，就是去愛陌生人。你愛你的家人，是因為你們之間親情的連結是天生而穩固的。你愛你的朋友，是因為你這次幫助了他，他下次也會幫助你。可是你愛一個陌生人，提供他幫助、讓他喜悅，他並不會回報你。但是反過來，你將建立這樣的邏輯，既然我都能無所求地去愛陌生人，又有什麼理由不去主動地愛身邊的人，而非要因為別人不夠愛我，而怨恨並遠離他們呢？

3. 提升愛的能力，並耐心等待

為了更好地愛別人，還可以提升愛別人的能力。如何用他人偏好的方式去表達愛，如何更好地傾聽、關心別人，如何真誠地表達自己以尋求理解，如何不在關係裡內耗，而是真正把愛給出去，這些在前面章節都仔細提過了。當你按照這些方法，真正學會了愛別人的技能，**拋棄了對「被愛」的執念之後，剩下的就是耐心等待了。**

你可能還是會遇到一些人，他們辜負了你的付出，但是這並不重要，因為你已經擁有了愛別人的能力，還怕找不到「愛你」的人嗎？像看一顆種子發芽一樣，充滿耐心地去看自己的愛發芽，便是趕上了人間好時節。

推薦閱讀

- 《愛在流行》（*Works of Love*）——齊克果（Kierkegaard）

重點總結

假努力模式：過度索取式假努力

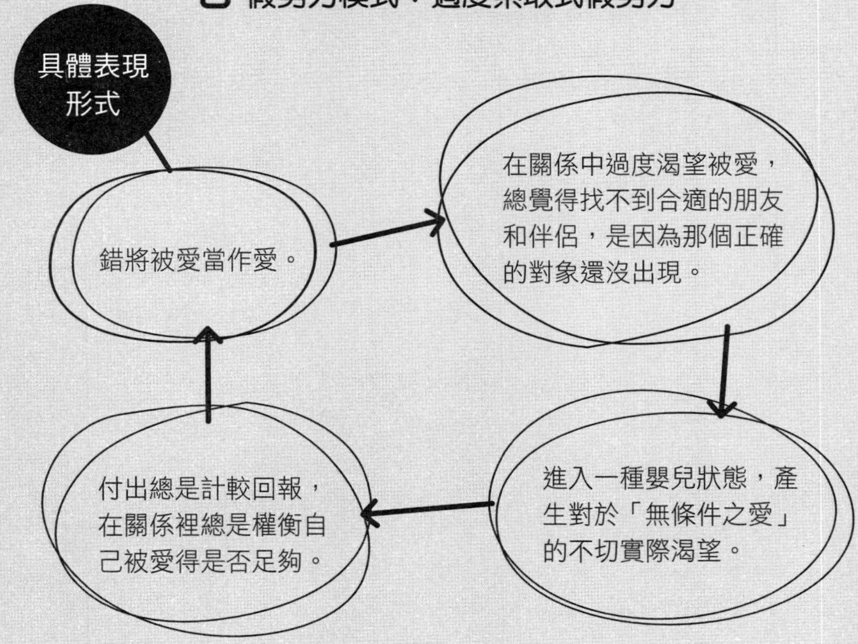
具體表現形式
錯將被愛當作愛。
在關係中過度渴望被愛，總覺得找不到合適的朋友和伴侶，是因為那個正確的對象還沒出現。
進入一種嬰兒狀態，產生對於「無條件之愛」的不切實際渴望。
付出總是計較回報，在關係裡總是權衡自己被愛得是否足夠。

解決方案

三個方法，提升愛的能力

方法 1：當你感覺不到「被愛」時，再主動去愛一次。

方法 2：練習去愛陌生人。

方法 3：提升愛的能力，並耐心等待。

第 3 章

提升認知時，量變未必質變，方向錯了、內核不穩，一切白費

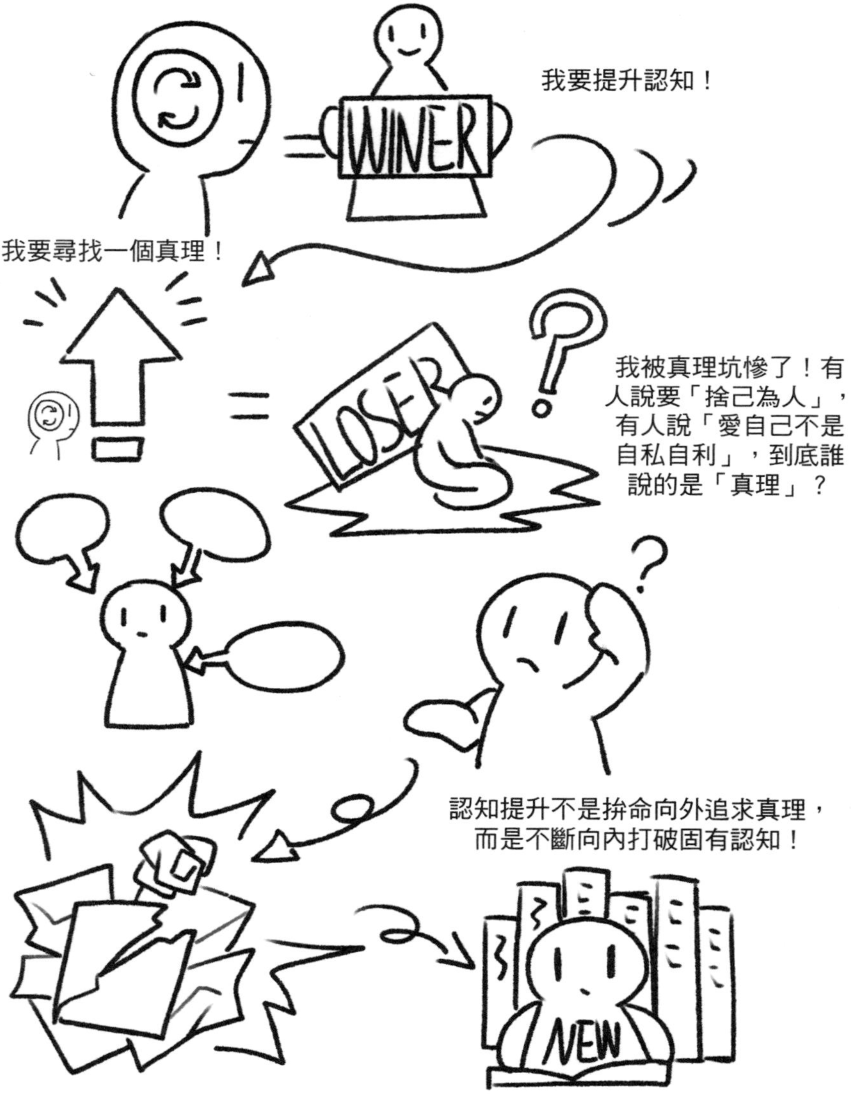

從問題與痛苦入手，
發現自己心中的「理所當然」！

13 只增不損式假努力

都說認知決定成敗，為什麼認知提升沒能挽救我的失敗

昊承聽說，認知層次才是決定人生成敗的關鍵。於是，他下定決心要開始提升認知了！

怎麼提升呢？讀書，看看所謂厲害的人是怎麼思考問題的，以便找到可以指導自己人生的真理。

開始的時候，他讀了孔子，孔子可是至聖先師呀，怎能不學！「君子

欲訥於言，而敏於行」，少說話多做事。結果昊承發現自己辛辛苦苦了一年，最後還是年度總結簡報做得最好的那個人考績拿到了最優等。

於是昊承想，《論語》大概年代久遠、過於理論，「真理」這東西恐怕也要與時俱進、世俗一些才好！

那就來本《窮查理的普通常識》（*Poor Charlie's Almanack*）吧！「用頭腦賺錢，而不是用時間賺錢，依靠出賣自己的時間是永遠不能致富的。你必須擁有股權，一個當你睡覺時還能賺錢的方法，才能幫你實現財富自由！」這說得著實有道理呀！於是昊承趕緊開了新帳戶，把自己有限的存款都放進去開始投資理財。

結果沒過多久，昊承就發現，幸好自己的存款「有限」，不然虧的錢就更多了！「哎，認知還真是決定人生成敗，我要是不去提升什麼認知水準，也不至於這麼失敗！」

後來，昊承覺得自己實在是沒有成功、賺錢的命，不如提升認知層次，活得「佛系」一點吧！

六祖慧能說：「本來無一物，何處惹塵埃。」《金剛經》說：「一切有為法，如夢幻泡影，如露亦如電，應作如是觀。」一切都是空的，都是虛無的呀！本來不成功就不成功，我這日子過得還是有模有樣的，現在可好了，心直接冷了，做什麼都沒意思！

最後，昊承終於「想明白」了，這件事根本就是騙局！不然你告訴我往哪裡走算是提升，誰說的才是真理呢？

現象剖析

拚命向外追求真理，而不向內打破固有認知

一說到認知提升，你就以為是要尋找一個「真理」，可是找了半天，發現自己知道了不少「真理」，但是不僅沒提升認知，腦子還更混亂了。原來靠著樸素的價值觀「做事要誠實守信、待人要寬厚博愛」活得還算明白，提升了半天，現在反而搞不清，是該追求自我還是該心繫天下。

「過自己想要的生活不是自私，要求別人按自己的意願生活才是」、「計利要計天下利，求名應求萬世名」，哪個是更高的認知層次呢？是信吸引力法則「你以什麼頻率震動，就會吸引什麼樣的人與事」，還是信「一分付出一分回報」？**層次提升了，你只覺得沒有一個認知談得上高明，還不如糊里糊塗過日**

子算了！

其實，認知提升當然重要，認知層次也的確決定人生成敗，**但什麼是高認知層次呢？不是你掌握了宇宙的奧祕、人生的絕對真理，而是你能打破固有的認知模式，發現世界原來可以和你想的不一樣。換句話說，就是走出唯一真理觀，走出只增不損式假努力。**

比如，二十年前聚餐，誰要是敢提各自付帳，那大概是要一輩子沒朋友了。可是後來我們知道餐費是可以ＡＡ制的，不要說同事朋友，就是夫妻、父母與子女間也可以各付各的飯錢。

「原來還可以這樣！」這句感嘆就叫做認知提升。不是說ＡＡ制一定更好，更不是說以後必須堅持ＡＡ制，但是我們從此知道，分帳還可以這樣分。這就叫開闊與眼界。

再比如，從小到大如果我事情沒有做好，父母就會責怪我。所以我一直認為如果人不夠優秀，就不值得被愛，並因此對他人充滿了戒備與不信任。可是有一天，我看到一個小女孩因為被老師批評而悲傷哭泣，她的媽媽卻抱著她安慰：「我知道妳很委屈、難過，沒關係，媽媽陪著妳。」

我大受震撼，心想：「原來還可以這樣！」這也叫認知提升。

因為我從此知道，原來我只是小時候不太幸運，而這個世界上有很多溫暖的人。我沒必要總是害怕被苛責而遠離人群，而是可以去尋找這樣的愛意與包容。我也會開始思考，大概我不必完美，也值得被愛吧。這就是成長與療癒。

也就是說，所謂認知提升，不是向外尋求真理，而是對內打破固有的思維模式。不是爭辯到底誰的理論才是對的，而是如何能夠擁有看問題的多方角度，從而讓自己更自由、對別人更包容。

這就是我將這種「把尋求真理與認知提升畫上等號，而搞不清認知提升到底是怎麼回事、目的是什麼」的行為模式，叫做只增不損式假努力的原因了。「為學日益，為道日損。損之又損，以至於無為」，認知提升就是這樣的過程，每天接觸不同的人、文化、思維模式，這是為學日益。

而更重要的，是「為道日損」，學了這麼多，不是為了用一百種「真理」武裝自己，而是為了打破自己一個又一個對人、對事、對世界的刻板印象，知道沒有什麼是絕對的。

然後你就會因為認知提升，而「打遍天下無敵手」了。因為你不再見誰都打自己那第一百零一套拳，而是「損之又損，以至於無為」，你的拳法已經沒有固定的招式與組合，可以變化無窮了。

你可以這樣改變

允許自己被外界影響

這個道理聽起來很容易是不是，想要認知提升，連書都不用讀了，打破自己固有的認知模式就行了！然而，讀書容易、信至聖先師容易、按權威的指導行事容易，打破自己固有的認知是真的不容易。好在我們做一件事的原因從來不是「它容易做」，而是它真的會對我們有幫助。

1. 從問題與痛苦入手，發現你的「理所當然」

想要打破自己的固有認知模式，最簡單的方法就是發現自己信念中的「理所當然」。可既然是「理所當然」，那要去哪裡發現呢？去問題裡發現、去難受裡發現。

舉個例子，「我這麼辛苦為什麼賺不到錢呢？」這是個問題吧，這很讓你難受吧？那就從這裡入手好了。然後去想想關於金錢，自己有什麼理所當然的信念。比如，「人唯有靠節儉才能累積財富」，然而這真的是理所當然的嗎？你可以自己思考，也可以看一些論富的書，還可以觀察一下身邊的有錢人。你會發現，「不對呀，真正能賺錢的人都很會花錢，不是『守財奴』」。

思索到這裡，千萬不要又回到固有認知裡，從而想「他們是因為有錢才會花錢，人還是要靠節儉累積財富」。要牢記，自己好不容易找到了固有信念，找到了認知提升的機會，千萬不能放過。

於是你順著「可能正是節儉使我無法擁有財富」的思維，找到「一味省錢無法讓人變富有，而要學會用金錢買自己的時間，用自己的時間創造價值獲得財富」這一富人思維，完成一次認知上的提升。

這次提升無關乎「真理」，而是能切實解決你問題的實踐指導。你沒有因此變正確，卻因此真正變聰明了。

再說一個人際關係中的例子，「每次爸媽嘮叨得我心煩意亂，我都出於孝道，默不作聲，不和他頂嘴。可是那天我媽卻陰陽怪氣地說：『兒子長大了，都不願意和我們說話了！』」

你忍了半天，結果人家還不滿意！這是個問題吧，這讓你很難受吧！太好了，認知提升的機會又來了。

關於自我表達，會有什麼固有認知模式呢？「如果我表達對父母嘮叨的不滿，他們會感到被攻擊從而深受傷害，這樣做太不孝順了！」然而這是真的嗎？顯然不是，你媽就對你的沉默很不滿呀。所以，到底怎樣做才對呢？這個固有信念能打破嗎？這會是問題的關鍵嗎？

這時可以看一些關於溝通術的書，或者自己嘗試與父母溝通的新方法。然後就會發現，當你鼓起勇氣說出：「媽，你嘮叨得我心煩意亂！」你媽不僅沒生氣，還蠻欣慰你終於說出了你的需要，而不是用沉默來被動攻擊。

於是你的認知又提升了，**原來表達不滿不是總會傷害彼此關係的，有的時候默默忍受才是對關係的不負責任**。

2. 對經驗敞開，允許自己被外界影響

話說回來，活著本身就是認知提升的過程，我們每天都在與他人打交道，每天都會經歷一些不同以往的事情，在這些經驗中，其實蘊含了無窮無盡的認知提升機會。

問題是，**你不願意對這些經驗敞開自己，而是固步自封地待在自己的認知裡面不出來。**

你下樓買菜遇見個老爺爺，如果和他交談，他可能就會告訴你，他剛結束了環球旅行。你就會被新的認知擊中：「還可以這樣做嗎？原來人不一定要為了家人而活，自己活得精彩，也可以擁有無限喜悅。」

問題是，固執的你根本不與他交談，就算是交談了，你想到的也不是用老爺爺的事例打破自己的固有認知，而是用自己的固有認知去評判他：「這老頭，一點奉獻精神都沒有，現在正是兒女需要他帶孫子的時候，竟然自己跑出去環球旅行了！」

你一直以為別人開你玩笑，就是故意要傷害你，可是那天中午吃飯，鄰桌的一對情侶一直在相互開玩笑，各種親親抱抱。

你本可以再次提升認知，「別人開我玩笑的本意可能並不是要傷害我，而是想表達友好。雖然我確實會感到難受，但還是可以試著去理解。」

可是你沒有，你再次使用你固有的認知堡壘去防禦：「這兩個人真是臭味相投，看著吧，不到一週肯定分手！」

然而，你為什麼不願意對經驗敞開自己，打破固有的思維模式，去提升認知呢？美國著名的精神醫學家哈里・斯塔克・蘇利文（Harry Stack Sullivan）認為，**一個人之所以不願意對經驗敞開自己，不願整合現實中的事件，讓生活變得更好，原因在於童年時形成的自我保護機制。舊有的認知模式之所以存在，不是無緣無故的，它是你的自我保護。**

「人應該對家庭有奉獻精神」幫助你遠離了被家人責怪的焦慮，「開我玩笑的人都心懷惡意」幫助你遠離了自尊心受傷害的痛苦。現在讓你脫下這層層鎧甲，放棄一座座自我保護的堡壘，無疑是恐懼而艱難的。

然而，**所謂成長，不就是拋開「父母的庇佑」，勇敢面對真實的生活嗎？所謂認知提升，不就是對經驗敞開自己，允許自己被外界影響嗎？**

推薦閱讀

- 《走出唯一真理觀》——陳嘉映

重點總結

假努力模式：只增不損式假努力

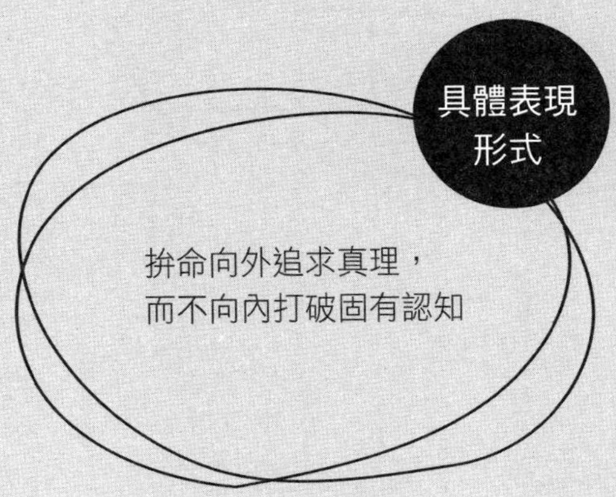
具體表現
形式
拚命向外追求真理，
而不向內打破固有認知

解決方案

1. 從問題與痛苦入手，發現你的「理所當然」。
2. 對經驗敞開自己，允許自己被外界影響。

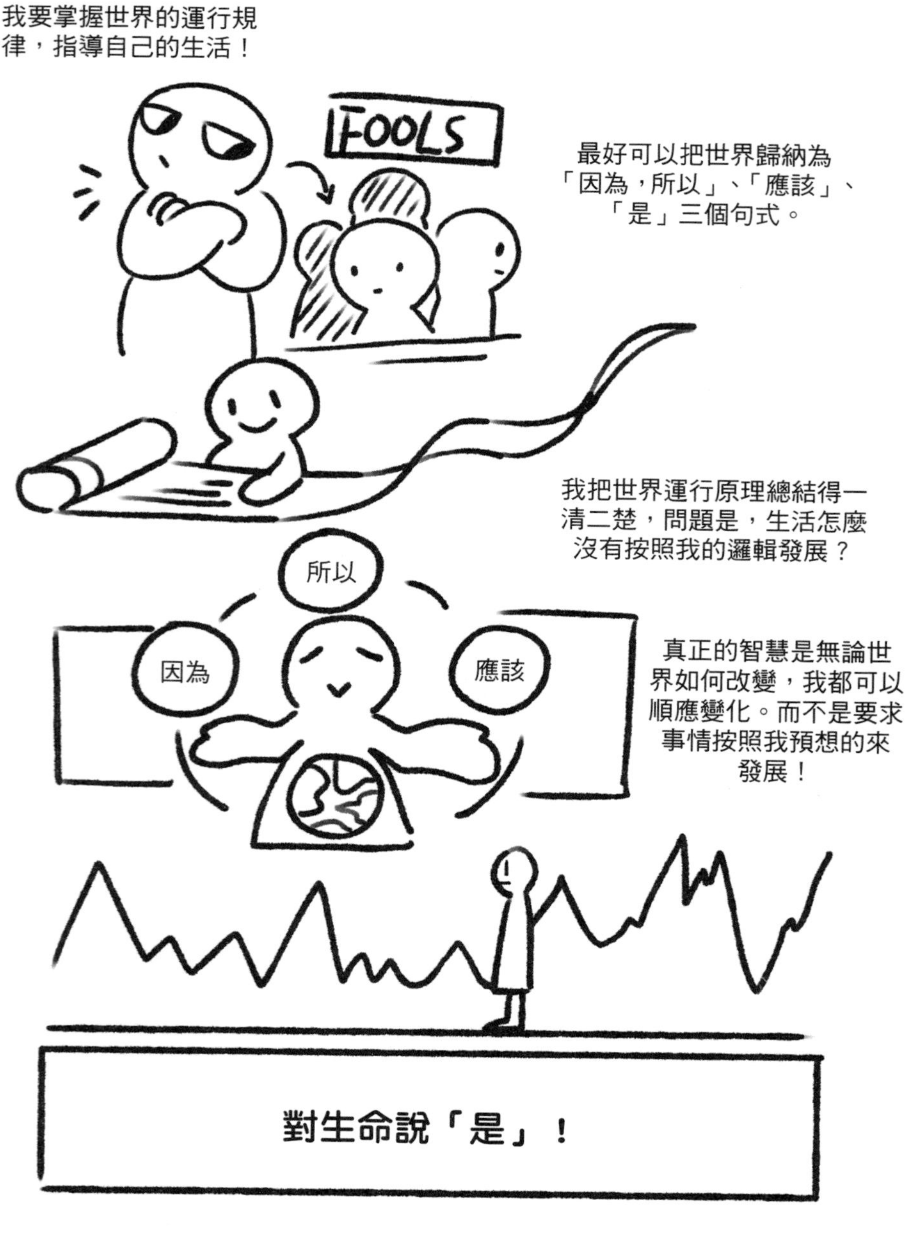
我要掌握世界的運行規律，指導自己的生活！
FOOLS
最好可以把世界歸納為「因為，所以」、「應該」、「是」三個句式。
我把世界運行原理總結得一清二楚，問題是，生活怎麼沒有按照我的邏輯發展？
所以
因為
應該
真正的智慧是無論世界如何改變，我都可以順應變化。而不是要求事情按照我預想的來發展！
對生命說「是」！

14 建立秩序式假努力

看別人都是低認知傻瓜，但生活怎麼沒按照我的邏輯發展

「××人都是小偷！××人都是奸商！有錢人都過著奢侈生活、品味低俗！」你聽著對方的話，懶得和他爭執，心想：憑這個低層次認知，糾正他都是在浪費自己的時間！

「你聽說了嗎？同事小張違反公司規定被處分了！這種人，我們可得離他遠一點！」

你聽著這樣的論調，內心翻了一百個白眼。心想：公司的制度是為了管理員工，目的就是讓員工聽話，以發揮最大產能。你卻拿這點來判斷人的善惡好壞，還做出了要遠離他的決定，也不知道是我想太多，還是你腦袋轉不過來。

「太不公平了！我明明比她長得漂亮，憑什麼她嫁得比我好！」

你聽著對方的抱怨，也不知道怎麼回應。看她委屈的樣子，的確很值得同情，但問題是，長得漂亮就一定嫁得好，這到底是什麼神邏輯？竟然還好意思理直氣壯地說出口！

你覺得這些人認知層次低，很不可理喻是吧？其實在高認知層次的人眼中，**我們的很多想法也同樣不可理喻：看問題絕對化、自我設限，並熟練運用固若金湯的因果規律！**

現象剖析

總想用理智建立生活的秩序，卻因此墜入低認知層次

1. 看問題絕對化

我們從低認知層次的第一種表現形式，「看問題絕對化」說起。

為什麼一個低認知層次的人看問題會絕對化？因為絕對化可以幫我們更容易地掌控世界！

我聽說有的××人做生意很不誠信，這讓我感到危險。如果我保持著「××商人當然有好有壞」的認知，要是被騙了怎麼辦？你說要我好好辨別？但我的能力足夠嗎？於是我說：「××人都是奸商！」這下簡單了，以後絕不和××人做生意，寧可錯殺一萬也不放過一個。從而恐懼消失，一切再次盡在掌控之中。

為了掌控世界而在理智上建立絕對化的秩序，企圖用有秩序的邏輯進入高認知層次，用高認知層次更好地指導生活。而實際上卻因絕對化，使自己急速墜入低認知層次，讓生活更加失控。就這樣，陷入建立秩序式假努力的惡性循環。

你可能會說，我對人沒有這種刻板印象，話可別說得太早。比如，看問題絕對化有一種很典型的表現形式，叫做「二元對立」（二分法）。「一個人要不自私、要不無私。不顧他人滿足自己或者犧牲自己成全他人，二選一。」

於是即使你再不方便，也無法拒絕別人的請求，因為「拒絕的話，我就是一個自私的人了」。但，你真的不知道人是一種在自私與無私中不斷穿梭的複雜生物嗎？不是的，你只是為了無限掌控別人對你的愛與接納，將人性絕對化了。

再比如，我們在關係中的「移情」。移情是一個精神分析術語，是指患者會將自己過去對於父母的某些情感轉移到心理諮詢師身上。比如，小時候我爸爸對我非常嚴厲，於是我就固執地認為，我的心理諮詢師也是一個嚴厲的人，所以在他面前我總是忐忑不安。移情不只發生在心理諮詢室裡，生活中也無處不在。

比如，我不敢把我的好建議說給主管聽，因為小時候每每我說出自己的想法，爸爸就會用諷刺的口吻來挖苦我，於是即便我的主管，也就是我現在生活中的權威，很喜歡有想法的人，我仍然「移情」地認為，自己會受到羞辱。這同樣是「看問題絕對化」的認知錯誤。我以為只要是權威都和我爸爸一樣，這不是絕對化是什麼呢？為了不被別人挖苦，擁有對自己內心平靜的掌控權，你再一次將他人絕對化了。

看問題絕對化，看起來是一個低認知層次的問題，好像是一個人思考力不足、教育水準低落導致的，而實際上卻是我們對於世界和他人掌控欲的結果。我在第一篇表達過這樣的觀點：自制力不是靠提升得來的，而是釋放出來的。

而在此，我想說：**高認知層次往往也不是靠提升得來的，而是釋放出來的。怎麼釋放呢？減少對世界的掌控欲**，就這麼簡單，具體方法在後面講解。我們先來看看你為了掌控世界，還在自己的理智和邏輯裡建立了怎樣的低認知秩序，做了哪些為美好生活謀劃的「假努力」。

2. 從「是」推導出「應該」

低認知層次的人還有一種堅定的邏輯秩序，就是從「是」推導出「應該」，也就是自我設限。

「公司的規定是這樣的，所以每個人都應該嚴格執行」是我們剛剛舉過的一個例子。你真的不知道所謂規定就是高層拍板定案，遵不遵守、遵守到什麼程度是可以商榷和賭一把的嗎？你當然知道，但你還是固執地畫地為牢。意思就是，別人怎麼制定規則我的確控制不了，於是只能嚴格遵守，與它的邏輯保持一致，就在一定程度上擁有了對它的掌控感。

我們腦海裡其實充滿了無數這樣的主流化邏輯。比如，「與人為善是好的，所以我應該對每個人好」，結果你將自己限制成了一個遭人嫌棄的「爛好人」。你沒聽說過「農夫與蛇」的故事嗎？不可能，你只是需要固守一個與人交往的原則，而不是在複雜的人際關係中不知所措地浮沉。

再比如：「大家都說奮發圖強是好的，所以我也應該加入競爭！」結果你「爭」得情緒焦慮、身體糟糕、家人不滿。你真的不知道「生活方式是自己的選擇」嗎？也不是，只是大家都在「爭」，你不「爭」就心慌呀。與其戰戰兢兢地去探索新生活方式，不如充滿掌控感地將自己限制在主流的生活方式中！大家都是這樣的，怎麼會錯呢？

其實從「是」推導出「應該」的低認知層次中發現漏洞並不難，但是我們為了「安全感」，為了透過遵守世界的規則而擁有掌控感，固執地不願意看破。

要是真能從「是」推導出「應該」，那就有了以下命題：「死亡是必然的，所以我應該趕緊去死。」、「這個世界是弱肉強食的，所以我應該恃強凌弱。」、「好人是不一定有好報的，所以我再也不應該做好事。」

然而，人都會死，我仍然努力地活著；雖然這個世界弱肉強食，我仍然願意平等待人；好人不一定有好報，我仍然敢於善良。

不論世界和他人如何，我都可以做出自己的選擇，而不是陷在「應該」裡。這才叫高的認知層次，這才叫真實的活，這才是最有力量感、安全感、掌控感的成熟生活模式。

3. 固若金湯的因果規律

那最後再說說低認知層次的人腦海中「固若金湯的因果規律」。比如那些看起來很正確的因果規律：「原因：努力勞動，結果：得到更多報酬！」這是不是很正確呢？那可不一定。萬一老闆「跑路」了呢？萬一老闆心理變態，就是見不得別人比他努力呢？

如果你將努力勞動與獲得更多報酬建立強因果關係，那理所當然就會產生不滿、生氣、委屈，以及「受不了」。「憑什麼我工作得比他多，薪水卻比他少！世界太不公平了，我活不下去了，我要去跳海！」

再比如：「好人一定有好報！」這是不是也很正確呢？那可不一定，騙子專挑好人騙！你認為當好人是因，必然有好報是果，現實有時卻會讓你痛苦。

我不是說我們不該相信「付出總會有回報」，不該相信與人為善的處事規則，而是說沒必要為了擁有掌控感，而把這個擁有隨機性的世界全都轉化成固若金湯的因果規律。「原因：太陽在過去的每一天都會升起，結果：太陽明天還會升起」，這都是一件說不準的事情，說不定哪一天太陽系就遭受了「黑暗森林打擊」[3]呢？

允許事情不按照自己的因果規律來，才不會因為過度的掌控而讓自己生活在不斷的失控裡，內心才能體驗到平靜與接納。

3 編註：為科幻小說《三體》中提出的假設，指在宇宙中，當某個文明發現了另一文明存在後，為了自身的生存和安全，先發制人的毀滅性攻擊行為。

你可以這樣改變

兩個方法提升認知層次

一個人想要提升認知層次，其目的除了「認知變現」，一定還包括「擁有平靜而喜悅的心靈品質」。

而低認知層次帶來的最大問題，恐怕非內心的狹隘感、被束縛感、不滿與怨恨莫屬了。

那要如何透過認知提升來擁有內在的開闊、自由與喜悅呢？首先，前面提到的三種為了掌控世界而被世界掌控的思維模式，千萬要時刻警惕，盡量不要身陷其中。具體來說，下面兩個方法非常有效。

1. 對生命說「是」

前面章節已經分析過，令一個人陷入低認知層次的，是對世界和他人的掌控欲。所以，適時放下對「掌控」的執念，是很有幫助的。有個很簡單的方法，就是對生命說「是」。

我不預期努力一定有回報，只負責努力，至於生命回報給我什麼，我都將接納地說「是」。我不認為外向的人一定更容易獲得成功，我對自己內向的性格說「是」，而不在固若金湯的因果規律裡自我苛責。**我盡量不先入為主地形成對他人的刻板印象，而是對他人說「是」，去看見真實的他是怎樣的。**

如果你覺得這太難了，可以先從一些小事做起。比如，對頭疼說「是」，既然它發生了，那麼就休息一會，而不是強迫自己繼續工作。對朋友的邀請說「是」，而不是固守著自己的計畫與安排。對來舔你手背的寵物說「是」，放下手頭的事撫摸牠一下下。

這是一種非常好的「正念練習」方式，**接納而不是控制，允許生命流經你的態度，就是認知層次的提升。**

2. 擁有定義世界的主動權

當然，作為一個俗人，我們總也不好真的將認知層次提升到可以去山裡當和尚的程度。所以，我也提出事情的另一面向，就是擁有定義世界的主動權。

過去，在低認知層次裡，我們掌控世界靠的是「看問題絕對化，自我設限，熟練運用固若金湯的因果規律」，也就是把世界「是什麼」的問題絕對化，如此就能在這種固化裡順應所謂的規律，以獲得安全感。

然而現在，在高認知層次裡，我們可以繼續掌控世界，但是這次掌控和以往不同，我們不再將世界「是什麼」固化，而是透過「我可以做什麼」的主動權，間接掌控世界。

比如，我才不去摸索「到底內向還是外向的人更容易獲得成功」的客觀規律，自己能做的就是努力去奮鬥。如果我是一個內向的人並最終取得了成功，我就創造了一個「內向者取得成功」的世界，這是我的「創造」，我會體驗到很強的掌控感！

再比如，我才不去思索「生命是有意義還是沒意義」的問題，自己所能做的就是不斷為他人創造價值。如果透過這樣做替自己帶來了價值感，為他人帶來了幸福感，那麼我就創造了一個「有意義」的生命。要記得，我不是掌控了「生命是有意義」的規律，而是我定義了生命的意義。

與這種不論世界如何我都做出自己決定的掌控感相比，摸索世界的規律並順應它以謀求安全的掌控感早已不值一提。

對生命說「是」，不將秩序強加給不可控的世界，同時不放棄定義世界的「主動性」，這份認知提升，遠不是任何具體知識可以替代的。

推薦閱讀

- 《具身認知》（暫譯，*Self Influencing*）——露特．E．施瓦茨（Ruth E. Schwarz）、弗里德黑爾姆．施瓦茨（Friedhelm Schwarz）
- 《對生命說是》（暫譯，*Say Yes To Life*）——奧南朵（Anando）

重點總結

假努力模式：建立秩序式假努力

具體表現形式

1. 總想用理智建立生活的秩序，卻因此墜入低認知層次。

2. 希望用「看問題絕對化、從『是』推導出『應該』、固若金湯的因果規律」邏輯模型來掌控世界， 卻越掌控越失控。

解決方案

1. 對生命說「是」，不將秩序強加給不可控的世界。
2. 擁有定義世界的主動權，不被外在規律所影響。

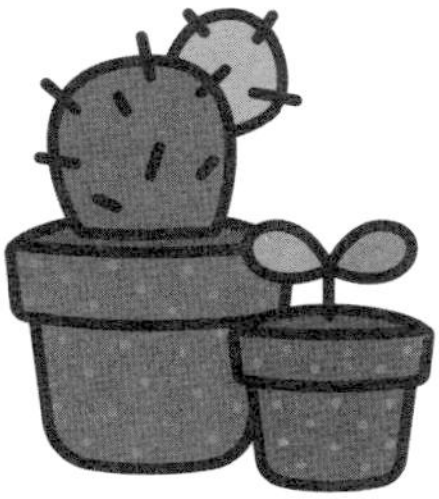

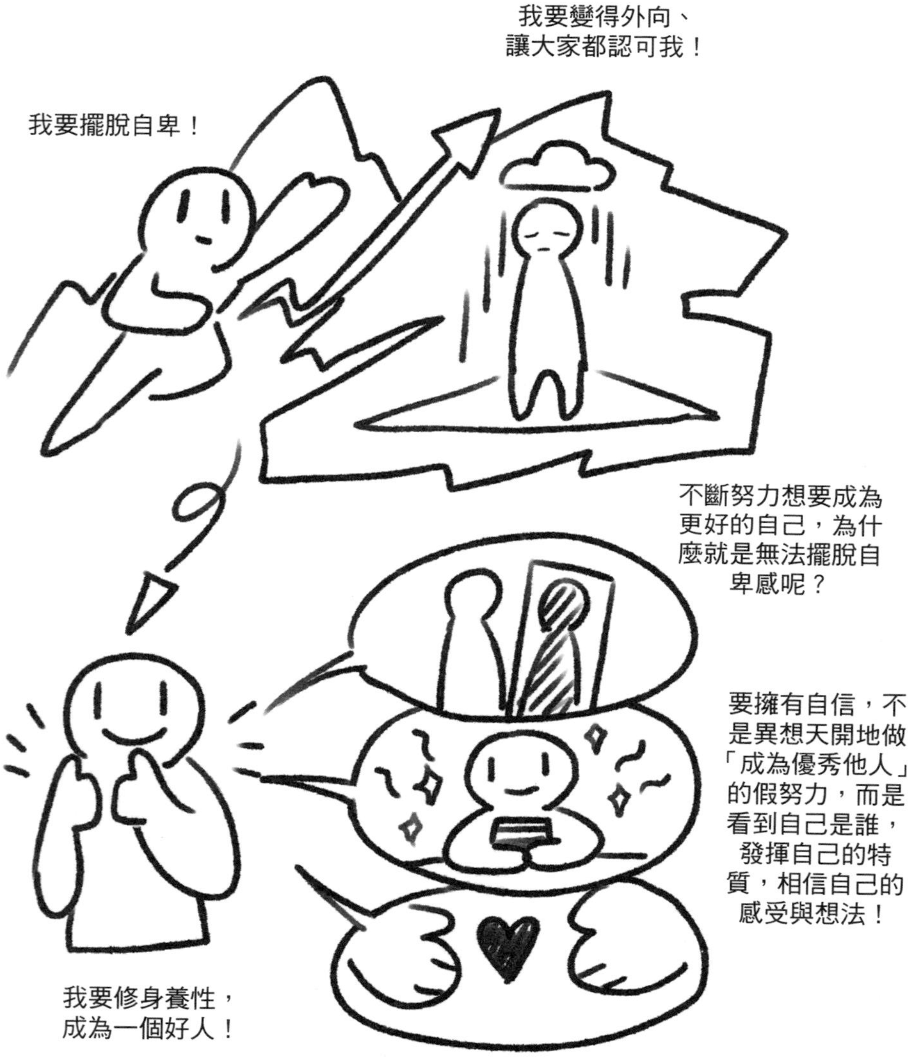

成為更好的「自己」，不是更好的「別人」！

15 成為別人式假努力

不斷努力成為更好的自己，為什麼就是無法擺脫自卑感呢

逸軒一直知道，自己是一個很自卑的人。這份自卑一方面來源於家庭的客觀狀況，父母都是退休的藍領階級，家中的經濟無法為自己帶來物質條件上的自信感。

當然，逸軒也知道，自卑這件事也不全在於家庭條件，主要還是看自己的本事。他不光要取得外在成就，更要在內心擁有一種自己足夠好、自

己的確厲害的信念和感受。於是，為了擺脫自卑，重塑自信，逸軒開始努力成為更好的自己。

什麼是更好的自己呢？什麼樣的自己才能夠被大家認定為優秀呢？經過一段時間的冥思苦想，逸軒找到了幾個重要的突破點。

首先，要改掉自己內向的性格！想要成功，但是這樣總喜歡自己獨處、不喜歡社交的性格怎麼行呢？必須改！

很快，逸軒開始頻繁出現在各種大規模聚會中，並不斷地告訴自己：「要主動建立自己的社交圈子！」、「一定要表現得很外向，每個人都喜歡有趣的人！」

其次，要多考慮別人的想法與感受！因為這就是大家口中的「好人」。這樣才能被認可、被喜歡。只有被大家都認可，我才能知道自己足夠好，才能有自信！

最後，還要消除掉內心認為自己不夠好的想法！不僅別人要認可我足夠好，還要發自內心地知道自己是足夠好的。那就不能埋怨父母沒有提供優越的生活條件！不能總是怕別人占自己便宜，在利益上斤斤計較！不能總是抱怨工作不順心，要感恩生活！

按照這三項思維，逸軒付出了長時間的努力。可是他發現，自己努力了很久，不僅沒有取得外在的成功來提升自信，甚至在內心感受方面，自卑程度也是只增不減。

為什麼努力成為更好的自己，卻還是無法擺脫自卑感呢？

現象剖析

為了自信努力成長，卻在成為別人的路上越發自卑

為什麼努力成為更好的自己，卻越來越自卑呢？答案很簡單，**因為你把「成為更好的自己」當成了「成為別人的修行」**。你到底要成為的是誰，是「自己」還是「別人」？最基本的問題都沒弄清楚，就開始了「成為別人式假努力」，怎麼可能不事與願違呢？

一說要擺脫自卑、重建自信，我們就會想到「成為更好的自己」。而一說到「成為更好的自己」，就會開始「樹立標竿、參考範本」。我也不管自己是誰，就憑著自己的觀察與想像，看看得到認可並自信滿滿的「別人」是什麼樣子的，然後按照這些標準，在真實的自我之外，建立一個理想的自我形象。

我不管這個理想自我是「外向幽默」、「寬容大度且能為他人著想」，還是「沒有私心永遠積極向上」，反正成為「標竿」就是自己成長的目標。

我們以為只要成為了這個理想的「別人」，自己就完美了，自信自然就來了。然而事實是，對比著這個從「別人」演變來的理想自我，更加凸顯的，是你的不完美而不是完美，你獲得的是自卑而不是自信。

1.「自我提升」就是厭棄現在的自己

樹立「標竿」代表的其實是無法接納真實的自己。你是一個內向的人，三歲的時候，你就不喜歡和同齡朋友們一起玩耍；八歲的時候，老師因為你不喜歡參加團體活動，還約談過你的家長；十四歲的時候，你有兩、三個要好的朋友，但是仍然不喜歡吵鬧的環境。然而，突然之間，為了「成為更好的自己」，你要變成一個外向的人了！為了取得成功、擁有自信，小白兔要變大灰狼了！

這怎麼可能呢？你不僅做不到，而且把自己為難得很辛苦，然而最重要的是，你會越來越失去自信。第一，你想成為一個善於社交外向的人，可是你就是做不到，勉強出門參加聚會也讓你十分難受。

於是你就會開始自我批評：「難怪你一事無成，這麼點小事都做不好！」、「還說要自我提升，你這個性格，活該窩囊！」本來你還沒這麼自卑，結果**越是想要成為「別人」，越是發現自己在成為別人這件事上的無能為力，自卑感自然與日俱增**。

第二，不同特質的人本應擁有不同的生活方式，內向的人應該發揮天賦，專精需要長時間專注力的工作，發展深度友誼；外向的人也應該盡展所長，處理需要大量溝通、不斷和窗口對接的工作。

這樣適才適所的安排不是變好的嗎？**可是你非得要成為別人，也就是去做自己不擅長的事情，結果不論你怎麼努力，也做不到像本身就擅長此事的人那麼優秀，從而更加感覺自己能力有限，什麼都做不好。**

第三，很多時候，你要成為的那個「別人」，根本不是別「人」，而是「神仙」。「一個足夠優秀的人，就不應該埋怨父母沒有提供優越的生活條件！不能怕別人占自己便宜，在利益上斤斤計較！不能抱怨工作不順心，要感恩生活！」理想很美好，問題是你能做到嗎？做不到。

做不到會怎樣呢？便會再次陷入自我批評：「我怎麼這麼壞！」、「我怎麼這麼自私！」、「我怎麼這麼不知道感恩！」於是，自卑感越演越烈。

所以，**成為「更好的自己」**很好，**但是千萬別把美好的成長，弄成了「強己所難」的自我折磨。自信的建立在於接納自己、愛自己如自己所是，而不是你成**

了多麼優秀的「別人」。

2. 追求認可就是忽略「我怎麼想」

什麼是自信呢？**自信指的是一種相信自己感受與想法的狀態。**我對這個問題有自己的看法，但是我不敢說，怕自己說得不對，這是自卑。與之相反，對這件事我有自己的看法，雖然我說的不一定全對，但是我的觀點很重要，我要表達，這就是自信。再說感受，我現在感到憤怒，但是我不能接納這種感受，我怎麼能憤怒呢？憤怒是不好的，這就是自卑。與之相反，我感到憤怒，這很正常，他說話這麼無禮，換誰誰都會憤怒，這就是自信。

然而，我們是怎麼在「成為更好的自己」這件事上與上述狀態漸行漸遠的？對於很多人來說，成為更好的自己，也就是成為被父母、社會等「別人」認可的那個人，唯有得到了他人的認可，我才能自信。這邏輯看似很通順吧？

然而問題來了，**既然你要獲得別人的認可，就一定要時常問自己：「別人的想法是什麼？別人的感受是什麼？」而絕不會是「我的想法和感受是什麼？」別說相信自己的想法與感受了，時間久了，你連自己的想法和感受是什麼都不知道了，自信要從何談起呢？**

你可以這樣改變▼

看到自己是誰，發揮自己的特質

想要擁有自信，關鍵不在於你在成為「優秀他人」的路上走得多快、多遠，而在於你能否停一停，回過身來溫柔地擁抱真實的自己。

1. 接納你的特質，看到自己的「好」

既然自信是一種愛自己如自己所是的態度，是一種「我足夠好」的基本信念，那麼首先要做的，就是接納自己的特質。比如，在一種更宣導「外向」性格特質的社會文化下，內向的人很可能不願意接納自己不愛社交的性格特質，覺得自己「孤僻」，沒有擁有令人滿意的人格特質。

其實你完全沒必要為此自卑，內向的人自有其優勢，像是耐得住寂寞研究學問，因為內向者較不偏好大量社交，而有更多時間來鑽研自己喜歡的事情。**看到並接納自己的特質，並將它發揮到極致**，你就會開始感激並自信於自己擁有這麼可愛的一份人格特質，**而不是在成為「外向的人」路上不斷地自我貶低**。

再比如，有一些人天生「敏感」，非常善於捕捉別人的情緒、態度，還特別容易「傷春悲秋」。如果你是個女孩子，可能還好一些，誰還沒有一顆林黛玉的心呢？如果你是個男孩子，那麼自我接納就相較困難了。

「我怎麼這麼敏感？我怎麼這麼脆弱？我怎麼總是有這麼多的情緒要處理呢？」同樣，你其實也沒必要覺得這是有問題的，並為此自卑。要是人人都不具備敏感特質，那麼人類從文學到藝術的輝煌就不可能存在。最重要的，是看到並接納自己的特質，並好好運用它。「高敏感特質蠻好的呀，我可以寫出與眾不同的詩，畫出不同尋常的畫。」把它當作生命給你的禮物，而不是在「脫敏」的路上掙扎，自信自然就到來了。

2. 趨於合一，常問「我的想法與感受是什麼」

你需要學會不斷問自己：「我的想法與感受是什麼？」自信不是一個人趨於完美的結果，而是一個人趨於「合一」的結果。**所謂合一，就是你和自己是永遠**

在一起的，你信任自己的感受與想法，而不是在不斷地思考「別人怎麼想」中將自己撕裂。

你得了「第一名」，不要問：「別人會怎麼想？」別人會嫉妒、別人會引以為傲、別人會蠻不在乎？不論是哪一種，都無法帶給你真正的自信，因為即便是「別人引以為傲」，你也仍然會不安於別人何時會撤回對自己的認可，**況且一個需要被別人認可才能相信自己足夠好的人，其實根本說不上是有自信的。**

你其實要問的是：「我有什麼感受與想法？」感受是：開心、有成就感！想法是：為了這種美好的感受，必須繼續努力！為自己取得的成就開心，為自己的幸福做出關乎未來的決定，為自己的感受與想法去行動，這份巨大能量就是無法被奪走、屬於你的強大自信。

再比如，你在職場被打壓。主管動不動就罵你工作能力差、做事不夠認真、態度不夠積極。不要問：「別人會怎麼想？錯的是我嗎？這件事到底有多大比例是我的問題？」不論別人是認為主管對你的評價完全正確，還是認為你的主管就是個變態，這都無助於自信增長。

因為當你問別人怎麼想，就是把自己放在可以被評判的位置，而被他人評判是不能與自信畫上等號的。**你應該要做的是問自己：「我有什麼感受和想法？」**感受是：「憤怒、難過！」想法是：「我應該無條件地保護自己，所以無論如何，我都不該允許自己被別人這樣貶低！」**為自己的感受與想法支持自己，這就是發自內心的強大與自信。**

總而言之，**想要擁有自信，不是異想天開地執行「成為優秀他人」的假努力，而是確切地看到自己是誰，發揮自己的特質，相信自己的感受與想法。**

你當然需要透過「成為更好的自己」來獲得自信，但是要記住，你成為的是

更好的「自己」，不是更好的「別人」。

推薦閱讀

- 《成為一個人》（*On Becoming a Person*）——卡爾・羅哲斯（Carl Rogers）
- 《榮格論心理類型》（*Psychological Types*）——卡爾・榮格（Carl Jung）
- 《內向優勢》（內向型人間だからうまくいく）——神農祐樹（カミノユウキ）

重點總結

假努力模式：成為別人式假努力

具體表現形式

1. 為了獲得自信努力成長，卻在成為別人的路上越發自卑。

2. 將「成為更好的自己」搞成了「成為別人的修行」。對照從別人演變來的理想自我，更加凸顯了你的不完美，而不是完美。

解決方案

1. 接納你的特質，看到自己的「好」。
2. 趨於合一，常問「我的想法與感受是什麼」。

不做千篇一律的「正確」，
只要獨一無二的「錯誤」！

16 追求結果式假努力

為美好的未來不斷奮鬥，但努力了這麼久，未來怎麼還沒來

君聞有一份安穩的工作，可是因為一方面看不慣大家的無意義競爭，另一方面也不願意屈就這麼碌碌無為一生，所以她一直渴望透過努力改變現狀，過更自由而有價值的生活。

「君聞！為美好的未來努力奮鬥！」她經常這樣對自己說。她的專業是人力資源管理，雖然公司沒有額外要求，但她還是不斷提升自己的專業

能力，成為一個真正的「人才」。「我的能力提升了，自然有更好的平臺可以讓我發揮所長。」君聞這樣想。

所以，這幾年她不僅努力考取了相關領域極有分量的證照，還開始攻讀知名大學的在職專班。聽起來很是「輝煌」。可是，每晚下了班還要不斷複習專業課程、寫作業，其中的辛苦又有誰知道呢？最重要的是，到底要什麼時候，自己才能等到那個讓自己發揮所長、讓學歷和證照發揮價值的機會與平臺呢？

美好的未來來得太慢，於是君聞在自己的專業領域之外，又做了很多嘗試。因為有留學經歷，她的英語說得不錯，在自媒體平臺上開通個人帳號，講授英語口語學習祕訣，每天更新一則短片，是不小的工作量。雖然也收到了一些好評，但是粉絲數量增長卻很慢，做了大半年，暫時也沒看到什麼商業上的出路，這難免讓她內心焦急，甚至開始懷疑起自己的能力。

後來，好姊妹創業了，問君聞要不要一起加入，君聞覺得機會不錯，也蠻有意思，於是又投身到了創業初期的忙碌與摸索中！然而長路漫漫。「為什麼還是不行呢？為什麼還是做不到呢？」對自己和生活的懷疑每天都在君聞心頭縈繞。

從早上被鬧鐘叫醒，到晚上抵不住睏意入睡，君聞一刻不停地在工作、學習、自媒體事業、創業中不斷產出、消耗，「未來美好的生活」於君聞，就好像吊在毛驢腦袋前面的紅蘿蔔，無論怎麼努力向前尋求，都無濟於事。疲憊、苦悶、倦怠、自我懷疑、對生活的不滿與憤怒，終於如暴風雨般席捲了君聞的心。

現象剖析

過度關注結果與意義，每一天都活成了未曾起舞的日子

想要活出自己的真正價值、生活過得有意義，是每個人靈魂最深處的本能與渴望。

正是被這份動力驅使，我們才「努力」生活，人類才得以生生不息。**可是當我們去追求這份價值與意義，追求未來美好生活的時候，卻常常因為盯著「美輪美奐」的結果而忽略了精彩無限的過程，因為太想要「圓滿」而看到的全是「欠缺」，從而陷入了追求結果式假努力。**

你一定有過這樣的體驗，對假期旅行期待了大半年，結果當假期真的來臨時，卻是太陽底下的曝晒、人山人海的排隊，你這才悔不當初地問自己：到底為

什麼花錢買罪受。

盼大學畢業盼望了四年，結果當你走出校園、邁入社會，卻發現等待你的是賺錢的艱難、人際關係的複雜；一心想要升職加薪，等你坐上了那個夢寐以求的位置，卻發現也不過如此，煩心事倒是與日俱增。也就是說，期待遠比願望的實現更令人幸福。

「未來的美好生活」當然值得追求，可是在另一個層面，它也只是一個實現了就會發現，其實也沒什麼大不了的「幻想」而已。**如果我們忘記了在追求幸福、價值、意義的同時，留一點時間去欣賞追求過程中的快樂、期待的甜蜜，就會陷入追求意義帶來的無意義感，更會因為不斷努力卻走不到幸福終點的疲憊與失落，最終失去前進的動力。**況且，這種只盯著結果的奮鬥模式，還會**無限地放大一個人的匱乏感。**

當你沒想過賺一百萬元的時候，就不會覺得自己一個月賺三萬出頭的錢少。可是當你追求富足的未來，就很容易發現自己現在的境況與理想的差距。當你沒想名垂千古的時候，就不會覺得自己平庸，可是當你追求不朽的時候，就會發現自己不值一提。

如果能將這種差距變為前進的動力，倒沒什麼問題。但現實卻是，我們習以為常的不是化差距為動力，而是化差距為挑剔，不斷自我批評。把自己搞得心煩意亂，鬥志全無。

除此之外，**當過於看重結果與意義的時候，還會因此而進入一種沉悶、無聊的生活狀態，因為我們會開始只做「正確」的事情。**這是當然的，如果最重要的是結果，那麼我最好可以找到一條最短的路去逼近它，而做「正確」的事，正是這樣一條捷徑。

所謂正確的事，包括我們內心的「正事」：學習、工作，為了實現人生價值拚命努力，也包括別人告訴我們的生活原則：如何正確地待人接物、如何才是上進的生活狀態。

一方面，**你在不斷地做正事中被物化為了一個生產工具，並產生被耗竭、被利用的感覺。另一方面，一切都在「正確」與「應該」中被固化了**，無聊與倦怠在墨守成規中應運而生。

我不知道在這份「正確」裡，一個人到底要如何堅信竟然能有一個幸福美好的未來，等在由一個個如此艱辛與無聊的生活所堆砌出的盡頭。

你可以這樣改變

三個方法，幫助你走出追求結果式假努力

想要走出因為對結果的過分執著而造成的「不快樂」，首先我們要搞清楚，自己到底為什麼會對價值與意義有如此迫切的渴望。

韓裔哲學家韓炳哲（Byung-Chul Han）在其著作《倦怠社會》（*The Burnout Society*）中表達過這樣的觀點，**人之所以會不斷地追求價值與意義，其實是資本主義對人剝削形式的升級。**畢竟來自外部，比如資本家的剝削總是有限的，可是**如果一個人可以用「成功與成長」來自我剝削，那麼他的價值將發揮得更加徹底。**

你說這是現代經濟體制運行下不可控的發展階段也好，是「資本家為了自身利益而大力鼓吹的價值導向陰謀」也罷，然而，人為什麼甘於被如此剝削呢？

我更傾向於把它按照美國文化人類學者歐內斯特．貝克爾（Ernest Becker）的觀點，解釋為死亡焦慮下對永生的渴望：**如果我可以有所成就，著書立說、建功立業，就可以名垂千古了。哪怕做不到如此，如果可以達到人類社會普遍認可的那個「好」，我就與集體融合在了一起，也就在某種程度上獲得了集體永生。**

或者，也可以把這種現象解釋得世俗一點，我之所以不斷地追求價值，是因為在小時候，自己沒有從父母那裡感到自己是有資格被愛、足夠好的，於是我一生都想透過取得世俗的成功，把功績甩在父母臉上，責問他們：「**我都如此好了，你為什麼還是不認可我、不愛我？**」

不論是哪一種解釋，核心的問題其實都是一致的，就是**我們追求的美好未來、成功的結果、價值與意義，只是某種事物的替代品，它可能是永生，也有可能是愛與認可。**

但不論它是什麼，都說明了一件事，就是結果並不重要，再大的成功本身也沒有意義。

這不是悲觀，而是如卡繆（Albert Camus）所說，**「人生毫無意義，因此更值得一過」**。因為**若你的人生從最初就有固定意義，那麼你不過是一個工具、一件物品**，只有生產汽車的機器從一「出生」就有其意義，但你的存在與之不同。**你的存在並沒有意義可以追求，但是卻有無限的精彩與可能性可以相遇。**

所以，以下是三個有助於走出追求結果式假努力的方法，供你參考。

1. 從關注「結果」，到關注「心流」體驗

既然結果並不重要，過度關注「未來的美好生活」並不令我們快樂，那麼不妨將目光轉回到過程上。

「心流」一詞是源自於美國的心理學家米哈里・契克森米哈伊（Mihaly Csikszentmihalyi）所提出的理論，他認為心流就是人完全沉浸在一件事情中的忘我狀態，而當我們能處在這種狀態下，就會體驗到高度的滿足與幸福。你一定也有過這樣的體驗，讀一本精彩的小說，而完全忽略了身邊人事物；解一道數學題以至於忘記了吃飯，這都可以稱為「心流」體驗。**與其痛苦地追求「美好的未來」，為什麼不讓自己現在就幸福地「心流」一下呢？**

而且不用擔心，你不會因此沉迷享樂而忘記了努力，因為「心流」可不是那麼容易體驗到的。心理學家研究證明，想要體驗心流，你做的事情就不能太簡單，太簡單你會覺得無趣，也不能太難，太難你會感到吃力。你需要的是一個剛剛好突破你的舒適圈，有那麼一點點挑戰的事情。這不就是「成長」的最佳位置嗎？所以，**當下的快樂不會影響你的前進，幸福的「心流」可以和「美好的未來」共**

存，每一個幸福的當下連接起來的才會是真正美好的未來。

2. 從關注「匱乏」，到關注「富足」

有意識地關注「富足」。雖然對於美好未來的追求的確會放大現實與理想的差距，而凸顯出「匱乏」，但我們是有能動性（Agency）的生物，完全可以主動去關注自己已經擁有的「富足」。就好像雖然此刻下雨，但是可以撐傘不讓自己淋濕；雖然事情進展不如意，但是可以將此轉變為成長的契機一樣。

在這裡我想介紹幾個自己常用的方法給你。**首先是「睡前回顧冥想」，入睡前與其躺在床上胡思亂想，不如回顧一下你度過了多麼美好的一天。**早上起床，經過一夜的睡眠，是那樣的精力充沛，早餐有香噴噴的包子和小米粥。上午處理了幾項工作，蠻有成就感；中午有一點時間午休，聽了精彩的有聲小說……透過這樣的方式你就會發現，雖然未來的美好值得追求，但是此刻的我也同樣「富足」，兩者並不矛盾。帶著這樣的心情，才能更有能量為未來努力奮鬥。

另一個方法叫作「**行走在時間軸上**」。找一處可以讓你專心的地方，然後想一想，所謂的「美好未來」具體是什麼樣子的？創業成功、升職加薪、獲得認可……什麼都可以。

接下來以你開始努力的時間點為起點，以美好未來為終點，在腦海裡或者筆記本上畫一條時間軸，並想像自己正站在這條時間軸上。

接著，你先向前看一看，就會發現「未來不再遙遙無期」，只需要走完前面的這一段路就可以了。再回頭向後看一看，你會發現「原來我已經走了這麼遠了呀，不是我想的那樣毫無進展」，只要繼續像剛剛那樣一步一步地向前走，就可以抵達終點了。

3. 從千篇一律的「正確」，到勇敢追求「錯誤性」

最後，則是追求錯誤性。從小老師、父母就告訴我們「做事不要走捷徑」，可是我們到現在也沒有聽話。我們總以為持續做「正確」的事，就是到達美好未來的捷徑了，一定要堅定不移地走下去。卻沒有發現，**日復一日地做「正經事」、「應該做的事」，不僅在製造「無聊感」，錯失人生最寶貴的財富——經驗，更是在辜負自己生而為人的珍貴機會。**

允許自己「偷懶」地追一下影劇節目，讀一讀網路愛情小說，和朋友聊聊八卦，才能體驗到生活真正的快樂，而不是用一個虛無縹緲的美好未來不斷壓榨現在的自己，以至於失去前行的動力。

允許自己在成長的路上「犯點錯誤」，允許挫折發生，才能以此為契機獲得之前從未有過的經驗，並實現真正的成長。而不會因為過於想要結果，無法承受過程中的困難，以至輕言放棄。勇敢一點，敢於冒險，沒有什麼能替代經驗！

允許自己的人生「出錯」，也就是抱持「一切皆有可能發生」的心態。允許每一天過得不一樣，才會被生命的精彩震撼，才能敢於繼續創造。而不是因為被物化、成了實現結果的工具，以至於憤怒到不願意繼續前行。

日復一日的努力，看起來是前進，但是從另一個層面來說也是對「正確」的機械性重複。

然而，日復一日地重複「正確」，這和只活了一天有什麼區別呢？由你來活和讓別人來活，又有什麼區別呢？

總而言之，**追求錯誤性，就是給自己喘口氣的機會，你不是只能執行「正確」、「正經」、「應該」的機器**，會玩、會犯錯，這才活出了一點「人樣」，這個時候美好的未來才真正地誘人，讓你欲罷不能地想要為之奮鬥。

推薦閱讀

- 《心流》（*Flow*）——米哈里・契克森米哈伊
- 《這才是吸引力法則》（*The Law of Attraction*）——伊絲特・希克斯（Esther Hicks）、傑瑞・希克斯（Jerry Hicks）
- 《倦怠社會》——韓炳哲

重點總結

假努力模式：追求結果式假努力

具體表現形式

在追求未來美好生活的時候，因為盯著美輪美奐的結果，而忽略了精彩無限的過程，因為太想要圓滿而看到的全是欠缺，因為只做正確的事情，而陷入沉悶無聊的生活狀態，開始追求結果式假努力。

解決方案

1. 從關注「結果」，到關注「心流」體驗。
2. 從關注「匱乏」，到關注「富足」。
3. 從千篇一律的「正確」，到勇敢追求「錯誤性」。

這樣很快就能迎
來幸福美滿的結
局了吧！
我要不斷成長，
解決生活裡的問題！
!!!
為什麼越成長，問題越
多，什麼時候才能看到
盡頭呢？
我接納成長沒有盡頭，但
仍然心存敬畏不斷前行！

成長是一輩子的事情！

17 童話劇本式假努力

為解決問題而成長，但問題接踵而來，何時才是盡頭

沐晨最開始想要「成長」，是因為對於當時的工作狀態和收入很不滿意，於是奮發圖強考了張證照，成功跳槽去了更好的公司。

可是到了新公司後，他發現收入是不錯，福利也很好，可是上級主管脾氣暴躁，動不動就罵人，常常搞得他精神緊張，一度懷疑自己得了憂鬱症。於是，沐晨又開始學習心理學，希望能找到與主管溝通的好方法。

不學還好，一學沐晨卻發現，主管的確是咄咄逼人了一點，可是除了對方的問題，更重要的是自己的原生家庭問題。

沐晨有一個很嚴厲的父親，在他小時候動不動就對他大發脾氣，甚至還動手打過他。這份對男性權威的恐懼一直埋藏在沐晨心底，以至於一見到男性主管就不自覺支支吾吾，話也說不清楚，對方自然就更加惱怒了。

於是，沐晨上了很多療癒原生家庭、心靈成長的課程，終於在一定程度上擺脫了原生家庭影響，在新公司充分發揮了自己的能力，還獲得晉升。

然而，到了新部門後他發現，帶領團隊和管人實在是個大難題！於是，沐晨又報了ＭＢＡ課程，被「問題」逼得無處可去，不得不開始了新一輪的「成長」。

經過幾年的摸索，沐晨終於勝任了新職位，一個意想不到的晉升機會擺在了他的面前。可是突然，沐晨沒來由地出現憂鬱症前兆，心中莫名地慌亂、恐懼，覺得生活毫無意義。沐晨百思不得其解，日子過得好好的，怎麼說憂鬱就憂鬱了。

在情緒的漩渦裡，他感到低落而疲憊，不僅惱怒地問自己：「我這一路披荊斬棘，可是為什麼成長了這麼久，幸福還是沒有到來？為什麼生活中的問題不僅沒有解決，反而變得越來越多，越來越艱難了呢？」

經過很長時間的探索，沐晨終於找到了自己憂鬱的根源。心理學中有個專有名詞是「約拿情結」（Jonah Complex），是指對人對實現成功的恐懼，這種恐懼會妨礙人們自我實現，或逃避發揮自己的潛能。

「還真是成長的錯！」沐晨在心中感到釋然的同時，狠狠地挖苦了一下自己。

現象剖析

以為自我成長會迎來完美結局，殊不知等待你的是「痛苦與黑暗」

對於大多數人來說，成長的原因一定是在生活中遇到了難題，認知若不提升、心靈若不成長，現在的難題就解決不了。這也就造成了一種關於「成長」的不合理信念，就是「只要我成長了，問題就會消失，幸福就會到來」。

帶著這樣的信念，我們不禁會對「成長」這件事非常失望，因為我們發現，生活好像有意和我們開玩笑，我剛剛透過成長解決了一個問題，隨之而來又有了新問題，不論我怎麼成長，「完美結局」都沒有到來。而且，似乎不成長還好，一成長問題反而越來越多，越來越難解決。

其實，**如果你帶著「自我提升、自我成長的路會一帆風順」的期待，你在做**

的就是童話劇本式假努力，以為成長過後是「王子與公主幸福快樂地生活在一起」，卻不知道成長的盡頭是黑暗與痛苦。

為什麼會這樣呢？其實很好理解，你遇到了一個問題，為了解決它，你開始了成長，可是當你成長了，所面對的將是新的境遇，勢必會帶來全新挑戰。

就好像一個小孩子，他因為行動受限而努力學會了走路，可是學會了走路後，一切問題就得到了解決嗎？當然不是，他開始摔跤了。原來他不會走的時候，還不會摔跤，可是當他學會了走路，就摔得特別厲害。並且，等到他好不容易不怎麼摔跤之後，生活中的問題卻變得更多了。

從前無論他有什麼需求，只需要大哭引來父母的關注就可以了，可是現在既然他可以自己行走了，尋找食物、拿取物品通通都變成了他自己的責任。

也就是說，**成長是「終身大事」，不僅沒有盡頭，還會像遊戲打怪一樣，等**

待你的總會是越來越難戰勝的敵人。

除此之外，成長還會觸發人類心靈最深處的矛盾：追求自己的獨特性意味著失去與權威融合帶來的安全感。人類終極的焦慮是死亡焦慮，為了防禦死亡焦慮，我們努力追求生而為人的力量感、價值感、安全感。

那要如何獲得「力量感、價值感、安全感」呢？兩種方法，**一個就是努力成長，讓自己成為一個非常厲害的人。另一種則是做一個弱小者，順從強大的權威以求與他融合**，就好像小孩子依賴父母一樣，從這個更強大的存在處獲得指導、保護，從而感到安全、力量與價值。

然而你可能已經發現了，這兩種方式是矛盾的，當你不斷成長追求自身獨特性的時候，就是在拋棄一個又一個可以「罩著你」的權威。你會逐漸發現，**父親的見識已經遠遠落後於你，無法再指點或決定你的人生了，老師的經驗已經遠遠**

少於你，再也無法為你提供權威的指導了。然後無限的未來擺在你面前，而當你回頭的時候，卻發現自己已經沒有任何事物可以依靠。這份茫然與彷徨，著實是令人不好受。然而，這就是成長的代價。

你可以這樣改變

從心態上進行轉變

既然成長不會帶來童話般的美好結局，是不是我們就該不成長了呢？雖然在前面的章節中，我曾給出過一些「苦海無邊、回頭是岸」的建議：「不要再白費力氣自律了，放鬆一下，自制力就來了！」、「不要執著於讓自己變得更好了，學會欣賞真實的自己吧！」

然而，關於「成長」能不能回頭是岸的答案，我仍然是很堅定的，那就是：**「不能！」雖然成長會帶來很多問題，但人是不能不成長的。**

原因很簡單，第一，**世界在變，即使你不成長，也不代表一切都會維持現狀，新的問題總會發生**。這個時候，你就只能用拙劣的技能，面對生活中不斷出現的新問題。這份痛苦與無助，是遠比你主動成長、不斷獲得新技能、打開新局面的痛苦要強烈得多。

第二，**雖然問題總是會來，但是你可以透過成長，逐漸用不同的心態去面對，**這本身就是其樂無窮的。比如，之前我很害怕壞情緒的到來，當低落、憂鬱的感受襲來時，我會非常慌亂。可是透過不斷地成長，我現在已經變得更能接納了，因為每一次它們的到來都會帶來新的感悟，讓我更了解自己。雖然我現在還無法完全做到，但是我很希望有一天，自己能期待這些壞情緒的到來，讓它們教導我更多事情，帶來更多不可思議的覺察。

所以，我們要堅定不移地「成長」，完成心態上的轉變。

1. 改變對「童話劇本」的執念，建立終身成長的信念

放棄「成長的終點是童話般美好結局」這樣的信念，建立「成長是一輩子」的理念。也就是**抱持合理的預期去自我提升，接納「終身成長」的客觀事實**，這樣你就不會因為生活中問題不斷出現，而去懷疑認知提升、自我超越的必要性，懷疑自己的努力與選擇了。

2. 接受自身的渺小，重燃敬畏之情

重燃對世間萬物的敬畏。**自我成長、追求自身獨特性，意味著失去與集體的**

融合，失去「權威」的指導，從而令人感到恐懼與迷惘。「我要作為『權威』認證我自己所做之事的正確性，赦免自己的罪以免於內疚，這就意味著我成了『造物主』一般的存在，而我竟然可以成為我自己的神？天呀，我可不敢，這也太不敬了吧。」

於是，你或許因為失去自身之外的主導者而茫茫然於世間行走，或許自我設阻，讓自己別成長得太快，像沐晨一樣，在面對自我實現的大好機會時出現憂鬱症前兆，以防止自我功能發揮得太淋漓盡致。

然而，我們完全不必如此，不必因為害怕失去依靠而拒絕成長，因為只要重燃敬畏之情，問題就迎刃而解了。

我們以為父親是個農民，而我當上「總經理」就超越了父親，於是失去了心理上依賴的可能性，其實不然，對「父親」的敬畏不該因世俗地位的轉變而消失。

「這樣一個男人竟然創造出了我」，這本身就值得敬畏。

我們以為人類超越了自然，建立高樓大廈、在宇宙穿梭旅行，自己就失去了身為自然的那一部分，也就失去了作為自然生生不息、自給自足能力的安全感。其實不然，自然造物之神奇，女性誕生生命之不可思議，無論什麼時候都該使我們心存敬畏。

也就是說，**我們之所以害怕成長會讓自己失去「權威」的庇佑，可能是把自己想得太偉大了**，好像我們厲害起來可以「毀天滅地」。然而事實並非如此，這個世界上值得敬畏之物實在是太多了，我們不該將他們物化為「生孩子的機器」、「可供使用的資源」，而是**重燃對世間萬物的敬畏、承認自己的渺小，唯有如此我們才不怕自己的強大。**

因為我們知道，**無論我們成長到什麼程度、自我功能發揮得多麼充分，這些**

我們心存敬畏的存在，父母也好，自然也罷，甚至是「造物主」，都在某種意義上指引著我們、保護、愛著我們。

推薦閱讀

- 《存在心理治療》（*Existential Psychotherapy*）——歐文・D・亞隆（Irvin D. Yalom）
- 《死亡否認》（*The Denial of Death*）——歐內斯特・貝克爾

重點總結

假努力模式：童話劇本式假努力

具體表現形式

抱著「只要我成長了，問題就會消失，幸福的未來就會到來」信念不斷努力成長，但生活好像有意和你開玩笑，不論你怎麼成長，美好結局都沒有到來，與之相反問題還越來越多、越來越難解決。

以為成長過後是王子與公主幸福快樂地生活在了一起，卻不知道成長的盡頭是黑暗與痛苦。

解決方案

1. 改變對「童話劇本」的執念，建立終身成長的信念。
2. 接受自身的渺小，重燃敬畏之情。

高寶書版集團
gobooks.com.tw

NW 296
低效努力：方向不對，一切白費

作　　者　滑　洋
副 主 編　林子鈺
責任編輯　藍匀廷
封面設計　之一設計工作室
內頁排版　賴姵均
企　　劃　陳玟璇
版　　權　張莎凌

發 行 人　朱凱蕾
出　　版　英屬維京群島商高寶國際有限公司台灣分公司
Global Group Holdings, Ltd.
地　　址　台北市內湖區洲子街 88 號 3 樓
網　　址　gobooks.com.tw
電　　話　（02）27992788
電　　郵　readers@gobooks.com.tw（讀者服務部）
傳　　真　出版部（02）27990909　行銷部（02）27993088
郵政劃撥　19394552
戶　　名　英屬維京群島商高寶國際有限公司台灣分公司
發　　行　英屬維京群島商高寶國際有限公司台灣分公司
法律顧問　永然聯合法律事務所
初版日期　2024 年 12 月

原著書名：假努力：方向不對，一切白費
中文繁體版通過成都天鳶文化傳播有限公司代理，由人民郵電出版社有限公司授予英屬維京群島商高寶國際有限公司臺灣分公司出版發行，非經書面同意，不得以任何形式複製轉載。

國家圖書館出版品預行編目（CIP）資料

低效努力：方向不對，一切白費 / 滑洋著 . -- 初版 .
-- 臺北市：英屬維京群島商高寶國際有限公司臺灣分公司 , 2024.12
面；　　公分 .--

ISBN 978-626-402-121-0(平裝)

1.CST: 成功法

177.2　　113016339